Welington Bueno de Oliveira

Coleção: "Biblioteca do Maçom" - Nº 36

1ª Edição

Composto e Impresso:
Editora e Gráfica Cotação Ltda.
Rua Maringá, 335 - Fone (043) 327-1982
Fax (043) 339-0500 - CEP 86060-000
Londrina - PR

EDITORA MAÇÔNICA "A TROLHA" LTDA.
Londrina, dezembro de 1994.

Welington Bueno de Oliveira

Um Conceito de Maçonaria

1ª Edição - 1994

Editora Maçônica "A TROLHA" Ltda.
Rua Maringá, 335 - Fone (043) 327-1982 - Fax (043) 339-0500
Cx. Postal 1899 - CEP 86001-970 - Londrina - PR

Dedico à minha esposa Karin
pelo apoio durante todo o transcorrer
deste trabalho.

Índice

..."Só aquele que tem dentro de si a Maçonaria
é que pode a ela pertencer,
porque somente pode vivenciar
a Iniciação aqueles que dela já estão próximos"...

Apresentação dos Editores

Eis aqui mais um novo escritor maçônico, que vem enriquecer o nosso Quadro. Welington Bueno de Oliveira, nos traz seu livro "UM CONCEITO DE MAÇONARIA". Um lindo presente de Natal, por ser o último lançamento do ano, para o Círculo do Livro Maçônico. Na verdade, o título original do livro era MAÇONARIA CONCEITUAL, e nós mudamos para "UM CONCEITO DE MAÇONARIA". O autor vai conceituando cada um dos pontos mais estudados da Maçonaria. Sua visão é muito importante, visto que a Maçonaria tem um dinamismo, uma atração - que atinge a todos seus afiliados. Cada um vê na Maçonaria um ângulo diferente dos demais.

O ano que se encerra (1994), foi um ano muito bom no campo da Cultura Maçônica; além dos 12 livros do Círculo do Livro Maçônico, lançamos 6 Cadernos de Bolso e mais 3 edições que foram para o Círculo. O que perfazem mais de uma vintena de livros. E, o que é importante, trouxemos de volta o Irmão Kurt Prober e lançamos dois novos autores - Ailton Elisiário de Sousa, com o livro "COMENTÁRIOS DAS CONSTITUIÇÕES DE 1786", e, agora, Welington Bueno de Oliveira, com o seu livro "**UM CONCEITO DE MAÇONARIA**". E está programado para, até o finzinho de dezembro, as reedições de 2 livros de Nicola Aslan - INSTRUÇÃO PARA O GRAU 4, e INSTRUÇÕES PARA OS GRAUS 5 AO 14.

Nicola Aslan, também, é uma das maiores aquisições que a Editora Maçônica "A TROLHA", fez neste ano que ora se encerra.

Os Editores de "A TROLHA", Fernando Paschoal, Edson Thomazinho e Assis Carvalho, têm envidado todos os esforços para que a nossa Editora mantenha sempre um nível bem alto em seus lançamentos. É verdade que, de vez em quando, "pinta" um livro mais fraco, menos denso que os demais; mas isso é natural, em se tratando de assuntos dos mais variados. O que nos despreocupa, é que, para todos os temas, existem Maçons para todos os gostos. E quando menos esperamos, recebemos rasgados elogios sobre alguns livros que julgávamos que não seriam bem aceitos.

É pensando nesses Irmãos que temos, por dever de ofício, de alargar o máximo possível, o nosso leque de opções. São os Irmãos, em sua maioria, que estabelecem a nossa linha editorial. Nós não publicamos livros para nós. Publicamos para nossos milhares de leitores do Círculo do Livro e fora dele. Também é verdade, que um ou dois leitores que não gostam de determinados autores, ou livros, não possam interferir na linha editorial. Gostaríamos de atender a todos, mas não nos é possível, então, para sermos coerentes, temos que ficar com a maioria.

Aí está mais um livro e mais um autor, para o julgamento de nossos leitores.

Os Editores

Londrina, dezembro de 1994.

Introdução

Desde os primeiros passos dentro da ordem maçônica, observamos que a forma de transferência de sua filosofia obedecia a um processo empírico. Dentro desse contexto, a educação do maçom apresenta-se deficiente, pois, nem todos conseguem assimilar esse modo de ensino.

No mundo atual, onde o envolvimento com a competitividade é grande, o ser humano está habituado a desafios constantes e a cobranças de resultados. A grande maioria das pessoas está acostumada a agir por objetivos e, o seu dia-a-dia se transformou em uma luta constante para conquistá-los. Proporcionar resultados diante de pressões da vida social e profissional, tornou-se rotina. Assim o homem moderno é treinado para produzir e, por um reflexo natural só consegue realizar com eficiência mediante tais pressões. Esse comportamento, sem dúvida, é o resultado de um neuroprograma imposto pela sociedade capitalista, o qual passa a operar no homem em todas as suas ações.

No mundo maçônico, não existe uma pressão que force o iniciado para se aculturar nos assuntos da ordem. Sua educação é de livre arbítrio, cada qual caminha da maneira e no ritmo que desejar para conseguir seu "aprimoramento". Não existe uma cobrança para se ensinar ou aprender. Daí, o homem habituado a objetivos e desafios, não produzir resultados quando submetido a seu método. Este é um processo onde todos, de um modo geral, perdem, porque tem como consequência a desmotivação.

O homem moderno está acostumado a ter tudo nas mãos, ou seja, os objetivos, os caminhos e as ferramentas a serem utilizadas para seu desempenho. Na maçonaria, se quiser alguma coisa, via de regra, deverá ir buscar, tem que criar motivação para isso. Aqui exatamente é que encontramos o maior problema; acostumados a desafios, objetivos e cobranças e, não os encontrando acaba se desmotivando. Não conseguindo encontrar suas respostas acaba por ser um possuidor de apáticas expectativas, embora mantendo-se fiel à sua senda, na maioria das vezes.

O que se pode observar atualmente é que o iniciado espera muito mais da ordem do que ela pode efetivamente oferecer. Na realidade acreditamos que o iniciado espera que a maçonaria, representada por sua loja, dê a ele objetivos, desafios e motivação, para que ele possa conseguir seu aprimoramento, como um obreiro que irá atuar na sociedade como líder militante em prol de uma causa nobre. O iniciado espera que a maçonaria lhe mostre os caminhos que deve seguir para fazê-lo alguém capaz de influenciar a sociedade. Espera, ainda, receber dela as ferramentas necessárias para que possa arquitetar a si próprio e atuar de modo eficiente como construtor social. Espera, também, a responsabilidade de seus dirigentes na cobrança de resultados.

O homem só realiza aquilo que acredita poder realizar. Faz parte de sua natureza necessitar de comprar a idéia. Assim, a filosofia maçônica se comporta como um "produto" que tem que ser muito bem vendido. No presente momento, tememos que isto não esteja sendo realizado de forma eficiente, ou seja, a idéia não está sendo bem vendida a ponto de criar motivação para se adquiri-la efetivamente e propagá-la para os quatro cantos.

A responsabilidade da instituição e, por consequência de cada maçom, é a de levar para loja os motivos capazes de motivar seus membros; criar o fermento aglutinador capaz de mantê-los unidos em torno de um ideal. Fazer com que cada qual se motive na busca de seu aperfeiçoamento moral e religioso e, encontre mais rapidamente possível o significado de ser maçom, os objetivos para consigo mesmo, para com a família e para com a sociedade.

Ao escrever este livro, minha tentativa foi a de dar uma visão mais ampla para o iniciado, visando com isso, motivá-lo a encontrar mais rapidamente o significado da maçonaria. Os conceitos aqui colocados representam o trabalho de dois anos na consecução desse objetivo que é o de incentivar o processo educacional do maçom, dentro de um ponto de vista essencialmente particular.

Welington Bueno de Oliveira

A Lenda do Tempo

*"Não há força capaz de
sustentar uma instituição
sem o apoio do conhecimento"*

Um dia um velho pedreiro, livre e de bons costumes, sentado em uma pedra bruta, pôs-se a pensar sobre sua vida e sobre seu trabalho de edificação numa bela cidade.

Como em um passe de mágica, o tempo começou a se mover, tudo a seu redor começou a girar, e o pedreiro se viu dentro de um grande vórtice, onde o tempo caminhava para trás. Logo, em seguida, percebeu que estava em sua consciência o poder que fazia mover o tempo. Foi quando, de repente, o tempo parou, tudo a seu redor eram trevas, havia silêncio, apenas uma voz inaudível falava em um diálogo mudo em sua consciência. A voz do silêncio era sua única companhia. Naquele momento o silêncio lhe falava de um caminho que devia seguir e, que nele faria muitas viagens.

Gira mais uma vez o tempo, agora começa a se movimentar para frente, um vórtice lento se forma, mas tudo era escuridão. De repente, uma voz poderosa rasga o silêncio em meio a escuridão, dizendo: "Faça-se a Luz", e um novo ritmo se estabeleceu. No meio de sons de batidas a voz disse: "Sic trasit gloria Mundi", e a luz rompeu as trevas de sua consciência.

Em meio a um cataclisma emocional, atordoado pelo barulho e ferido pela luz, veio a surpresa.

Entre os raios de luz que ofuscavam seus olhos, reconhecia amigos e cada um lhe apontava uma aguçada espada. E a voz que habitava o oriente brandou dizendo: "Não vos assusteis. Estas espadas a vós apontadas, significam que estão prontas a vos defender, mas também zelarão pela lei, caso vos falteis para com ela".

Nesse momento, o tempo avança novamente e tudo a seu redor começa a girar, e ele viaja mais uma vez no tempo e, quando o tempo parou, lá estava ele se vendo como um Aprendiz nos mistérios da edificação. Tinha no peito um grande orgulho e, uma motivação que transparecia no seu semblante. Faceiro, orgulhoso e incansável de seu ofício, com braço firme, cheio de força, desferia o malho sobre o cinzel que apontava a pedra bruta.

Ao seu lado, incansável, estava o seu Mestre que lhe ensinava com satisfação todos os segredos do ofício, do impunhar do cinzel ao traçar da régua. Tudo tinha que ser justo e perfeito. O Mestre era rigoroso e tinha consciência da necessidade de agir como tal, porém era brando, paciente e muito tolerante.

O Mestre ensinava seu ofício com habilidade e sabedoria, transmitindo confiança e motivação a seus Aprendizes. Ensinava que do conhecimento nasce a perfeição e, desta advém o equilíbrio. Ensinava, ainda, que a pedra teria que ser bem escolhida para poder ser bem trabalhada. Suas dimensões bem definidas e suas arestas bem aparadas, pois, a beleza da construção do edifício dependia desse trabalho. Era preciso conhecer, muito bem cada detalhe, do impunhar do cinzel ao golpe do maço, pois um desvio do cinzel ou o uso errado da força, a pedra semidesbastada se tornaria bruta novamente. Na execução desse trabalho, ensinava que o corpo, a mente e a razão deveriam tornar-se uma só entidade. O Mestre ensinava, ainda, que a majestade e a resistência do edifício está na dependência das bases onde foi construído. Somente uma base sólida é capaz de subsistir à ação do tempo.

Assim, destacava que apenas um bom pedreiro constrói com perfeição e, que só um bom Aprendiz chega a se tornar bom Mestre, porque só ensina aquele que, bem aprende, quer e tem competência.

Era uma grande escola, ali se ensinava verdadeiramente a arte Real.

De repente, o tempo novamente começa a se mover, tudo começa a girar, até parar no futuro. O velho pedreiro agora vê além de seu tempo e, novamente, se encontra diante de sua escola. Nesse momento, é arrebatado por uma grande decepção. Tudo estava muito diferente e decadente. O tempo corroeu suas bases. O Mestre, então, examina sua escola atentamente e, após alguma reflexão, percebe que em algum ponto do tempo houve uma grande falha. A essência da escola evaporou-se nos poluídos ares da ignorância. Os objetivos são os mais abjetos. Já não é mais sua escola. Os Aprendizes nada mais aprendem da arte real, já não tem mais o vigor daqueles tempos, falta-lhes a motivação. Seu braço já não é forte, seu cinzel não tem direção. Falta-lhes a competência. A escolha da pedra bruta não tem critério, não são boas o suficiente para serem polidas. Não dão brilho, não refletem a luz.

E os Mestres... já não merecem assim ser chamados, perderam o amor pela escola, já não ensinam mais, pois, não sabem o que ensinar. Não transmitem confiança ou motivação, pois, a apatia tomou conta de seus ânimos. A troca de favores parece ser o objetivo. A avidez pelo poder de mando é visível nos seus semblantes. Não existe mais justiça, e a perfeição ninguém a conhece. O Aprendiz se torna Mestre sem ter nada aprendido. Entre o esquadro e o compasso só existe um monte de papel sem muita finalidade. A escola tem a porta aberta. Há um entra e sai constante. Muitos passam pela porta sem conseguir saber o porquê. A escola está dividida. A matéria cobriu o espírito, o cimento místico deteriorou. As colunas já não têm majestade. São fracas.

O vento profano escava suas bases, balança seus capitéis, e avilta seus valores mais sagrados. O velho pedreiro, triste, aborrecido com tal visão, decepcionado com seus Companheiros que já não dividem o mesmo pão, impelido pela curiosidade, pede ao tempo que lhe mostre muito mais,.além de sua imaginação.

E o tempo começa a se mover, tudo começa a girar e, dentro desse vórtice, a visão lhe é mostrada.

A escola da Arte Real não mais existe, tudo desmoronou. Só estava de pé uma velha coluna com a letra "B". A velha coluna cheia de Força, ainda resistia ao tempo, mas da coluna que dava apoio à viga mestra, só restava o pó.

Nesse momento o tempo volta ao normal e o velho pedreiro assustado, ainda, com o que viu, entendeu que acabara de receber sua Última Instrução: não há "Força" capaz de sustentar uma instituição sem o "apoio" do conhecimento. Assim, o velho pedreiro com sabedoria na cabeça e força no coração parte para uma nova missão.

Responsabilidade como meta e Educação como meio

*"O que chamamos hoje de
livre e de bons costumes, já não basta.
É preciso muito mais atualmente"*

O objetivo da ordem maçônica, como tem sido da maioria das sociedades secretas não políticas através dos tempos, é o de promover e orientar o aprimoramento do homem, fazendo desse um instrutor eficaz para atuar decisivamente na sociedade em que vive como um guerreiro sagaz na luta contra a perpetuação da ignorância. A história é testemunha desse feito. Nossos Irmãos do passado fizeram grandes conquistas porque cultivaram o conhecimento e adquiriram sabedoria a qual contribuiu indubitavelmente para busca de suas realizações e da liberdade plena.

Agora perguntamos: de que feitos a atualidade será testemunha? O que temos feito para alijar a ignorância?

As respostas a essas perguntas, certamente, estarão na responsabilidade e na educação. Responsabilidade cujo significado denota o cumprimento do dever, o qual foi assumido por juramento solene. Educação que significa acima de tudo instrução, desenvolvimento das faculdades intelectuais.

Atualmente a preocupação principal nos parece ser aquela que diz quem irá ocupar qual cargo. A preocupação para com o uso da insígnia tem aviltado no coração do iniciado o verdadeiro sentido do dever que tem para consigo mesmo, seus Irmãos e para com a humanidade, ou seja, o de instruir-se para poder instruir.

A Maçonaria deveria ter a conotação de um laboratório onde idéias deveriam ser criadas, combinadas, aprimoradas e aplicadas.

No entanto, nada disso tem acontecido ultimamente, pois, nosso laboratório está sem o equipamento necessário para tal finalidade: a Educação em nossos próprios conceitos. Não sabemos se isto acontece por falta de conhecimentos dos dirigentes ou se a burocracia tem dado conta de todo tempo. Ficaríamos mais felizes com a última hipótese e queremos acreditar que estamos certos. Nosso tempo, o qual deveria ser utilizado integralmente para o aprimoramento pessoal através de estudos, debates e palestras, é quase totalmente ocupado para fazer-nos ouvintes de intermináveis leituras de balaústres, boletins, atos e decretos que na maioria das vezes não têm nada a ver com o quadro em particular. A ritualística está tão burocratizada que seu verdadeiro sentido, que é o de criar um clima psicológico favorável, o qual objetiva valorizar o processo de aprendizagem, intensificando e ampliando as modificações na consciência, já não se presta a esse serviço, pois, procedimentos puramente burocráticos são colocados como ritualísticos, o que colabora intensamente para desvalorizar o ritual. Assim, mais uma vez, falta, ou o conhecimento de causa ou a responsabilidade para com o objetivo assumido.

A coluna mais importante da Maçonaria é o quadro de Aprendizes, pois, deles surgirão os futuros Mestres, os futuros dirigentes e os futuros instrutores e a responsabilidade para com eles está em falta. O dever do Mestre para com o Aprendiz é o de instruí-lo passo a passo todo funcionamento da ordem, orientá-lo em seus estudos dando-lhe um currículo básico dentro do qual deve apoiar seus estudos e desenvolver seus conhecimentos. Incutir-lhe a idéia de que a vida maçônica deve ser um constante aprimoramento em todos os sentidos e, que o Maçom deve ser um pesquisador incansável. A principal responsabilidade do Mestre para com o Aprendiz é a de fazê-lo entender o que é Maçonaria, seus objetivos, seus meios de ação e como conseguir esses meios.

Como se sabe o ser humano funciona por estímulos, incentivos, bem como valoriza extremamente suas conquistas, ou seja, tudo que adquire através de esforço próprio tem-lhe um valor excepcional assim como tem uma tendência natural para não valorizar aquilo que lhe é concedido sem seu esforço e sem a cobrança de responsabilidades. Comete-se um grande erro e falta-se com a responsabilidade quando não se promove ensinamentos básicos sobre a ordem, bem como quando não se exige o cumprimento de um currículo arrojado para cedência do Grau, como temos visto ultimamente. Observa-se no meio maçônico que seus membros conhecem pouco ou quase nada de sua própria cultura, o que é lamentável. Assim, como pode uma instituição combater a ignorância se seus componentes não conhecem a história dessa instituição, a razão da sua existência e o que significa pertencer a ela?

O homem moderno pela sua independência adquirida prematuramente para buscar novas fronteiras, perde sua aculturação materna e torna-se um componente solitário em uma sociedade diferente daquela que o criou e, assim, perde seu enraizamento e adquire novos hábitos de uma sociedade selvagem e agressiva. A Maçonaria entre outras coisas deve procurar restabelecer esse enraizamento pela união entre os Irmãos aos moldes de uma família, onde cada um é responsável pelo todo. O que chamamos hoje de livre e de bons costumes já não basta mais, pois, entendemos que para interferir na sociedade é preciso muito mais que isto atualmente. Faz-se necessário liderar pela cultura, pela pureza de ideais e pela convicção de liberdade com responsabilidade, pois, somente essa liderança pode manter seus ideais de aprimoramento e de tornar feliz a humanidade. Tendo isso em consideração, se faz necessário melhorar cada vez mais aqueles que têm a responsabilidade de transmitir bem como escolher muito bem e, cada vez melhor, aqueles que devem receber as galas da Iniciação. Estamos em plena era da palavra.

A comunicação a cada minuto se torna mais fácil e mais rápida na condução de sua mensagem, no entanto a ignorância continua em franco crescimento. Isto quer dizer que os motivos que conduzem o homem para a ignorância são muito mais atraentes do que aqueles que o levam a se instruir. A verdade é que vivemos na época em que a exploração da ignorância atinge seu maior crescimento. É a exploração do homem pelo homem. Manter o homem ignorante é ponto importante para sobrevivência de certos sistemas. A mídia eletrônica é, em alguma extensão, responsável por tal fato, ou seja, consegue muitas vezes manter o homem fora de sua realidade fazendo-o espectador de dramas baratos os quais gradativamente transmitem idéias distorcidas que na mente despreparada passa ser encarada com fato verdadeiro. Por outro lado, pelos incentivos consegue ser um grande consumidor de tempo além de manter as pessoas alienadas ao seu processo. Assim o homem sofre uma mutação psicológica tornando-se "Homo Televisivus", cuja característica diferencial é a apatia. Essa falta de motivação impede o indivíduo de progredir, tirando sua iniciativa, vontade ou determinação.

Tal falta de motivação acima referida é também bastante comum nos meios maçônicos, pois, falta motivação para estudar e, especialmente para ensinar, atividade que requer acima de tudo conhecimento. Há falta de motivação para participar ativamente das reuniões, muitas vezes até por falta de não entendimento dos objetivos da ordem ou por não ter-lhe sido dado ciência da existência deles. Há falta de motivação para mudar o que deve ser mudado, ou seja, não existe a preocupação de fazer algo até em prol de si mesmo, tudo fica na base teórica. Quando esse sentimento vai adquirindo maiores proporções a dispersão do grupo se torna uma constante.

Sabemos que a natureza da motivação é complexa e instável, e que seres humanos raramente conseguem satisfação plena, exceto por um breve período de tempo. Assim quando se satisfaz uma necessidade termina a motivação, daí se faz indispensável criar outra necessidade para gerar outra motivação e assim por diante. Isto tudo acorre pelo fato do homem se apegar a coisas fixas. Como diz a filosofia hindu tudo é Maya, ou seja, ilusão, assim quando a ilusão acaba vem a frustração e o desânimo. A única coisa que não é fixa em nosso entender é o conhecimento, pois, ele nunca se encontra onde pensamos que está, isto porque ele sempre transcende nossa capacidade de imaginação e, por mais que o buscamos o veremos sempre mais adiante. À medida que compreendemos a natureza do conhecimento chegamos à sabedoria cuja extensão é infinita.

Desta forma acreditamos que o conhecimento deva ser a única fonte inesgotável de motivação para o homem, daí a importância de seu enaltecimento em nosso meio. A educação dentro da ordem maçônica deve ter prioridade máxima se quisermos manter acesa sua luz.

Quando se dá oportunidade de Iniciação a um profano, este é envolvido de grande motivação, pois, há algo a se conquistar, há algo para se conhecer. Nos parece que nesse ponto o que o profano busca é a ampliação de seus conhecimentos. Ele tem como meta fazer progresso, alcançar algum subsídio que o torne melhor. O Iniciado está trilhando um caminho novo, onde imagina encontrar algo que irá satisfazer sua necessidade, preencher seu vazio interior. Daí a importância de dar essa oportunidade a ele, mostrando que só irá encontrá-la pela educação. Aquilo que se busca é o motivo e a avidez com que se busca é a motivação. Assim quanto mais valorizado for o motivo maior será a motivação.

Desta forma quando as Lojas dão aos Aprendizes a sensação de que adquirir os Graus é extremamente fácil, está contribuindo decisivamente para desmotivá-lo e, muito mais, está contribuindo cada vez mais para deteriorar os seus próprios valores. Se a Loja age desta forma não está contribuindo para formação de verdadeiros Maçons, mas sim de profanos de aventais e temporários. Tudo que é conseguido com facilidade dá-se pouco valor.

O Maçom que chega a Mestre sem nenhum esforço intelectivo não consegue alcançar o verdadeiro valor da Iniciação.

O valor de uma Loja, nada mais é do que a soma dos valores individuais de cada um de seus membros. Só é poderosa a Loja que tiver em seu meio, Irmãos poderosos intelectivamente. A Maçonaria do passado foi poderosa porque tinha em seu meio Irmãos que cultuavam a cultura. Afinal, há muito tempo deixamos de ser operativos para nos tornarmos especulativos, ou seja, livres pensadores.

Desta forma se conseguirmos fazer da Maçonaria simbólica uma instituição onde a conquista do Grau represente prova de capacidade intelectiva, onde o conhecimento adquirido foi fruto de intensivo trabalho de pesquisa, onde o esforço despendido receba o devido valor, certamente, estaremos não só fomentando a capacidade intelectual de cada um, bem como criando um verdadeiro exército no combate à ignorância. O verdadeiro Maçom é um pesquisador incansável, onde a satisfação plena ou a plenitude do conhecimento jamais lhe será concedida para assim jamais saciar sua sede de saber. A responsabilidade do Mestre para consigo mesmo é a de instruir-se e, para com os demais a de instruir. O grande segredo da ordem é a educação, ou seja, instrumento da ação, preceitos que darão condições para que o recipiendário possa atuar na sociedade em que vive influenciando sua conduta.

O que é Maçonaria

"A consciência cósmica fez do homem um depositário de uma verdade primordial, infundindo nele o segredo interno"

Para dizer o que é Maçonaria, antes, porém, se faz necessário tecer breves comentários sobre o processo evolutivo do homem, pois, estamos certos de que o alento que o despertou, também, despertou o aparecimento das sociedades iniciáticas.

No momento em que o homem surgiu na face da terra, criou-se em seguida a necessidade de se construir a sociedade. Isto ocorreu inicialmente mais pela necessidade de proteção contra as agressões de animais e de outros homens, razão pela qual o homem começou a andar em bandos. Quando este sistema de proteção mútua ocorreu, surgiu a necessidade de se estabelecer algumas regras para convivência e procedimentos, visando maior aglutinação do grupo, bem como seu maior fortalecimento, ou seja, começava a partir daí a germinar os preceitos primordiais de sociedade primitiva em formação. Nesse ponto o homem é investido do instinto social.

Mesmo com todas as dificuldades que cercavam o homem primitivo, tais como as dificuldades para aquisição de alimentos, os ataques constantes de grandes animais, as intempéries ocasionadas pelas mudanças constantes na estrutura da terra, mesmo assim esse ser mais animal do que homem já estava com seu destino traçado e sem escapatória: passaria pela Evolução.

À medida que o homem evoluía em sua essência, sua existência passava por uma série de transformações físicas e comportamentais e, cada vez mais deixava de usar seu instinto animal para dar lugar ao raciocínio.

A cada novo alento da consciência cósmica sobre o homem, este deixava gradativamente sua existência animal para se investir paulatinamente de sua existência humana. Com a evolução desse processo de investidura, o homem começou a existir a partir daí, sob um novo ângulo dentro da escala evolutiva e, dentro desse novo prisma de existência sua presença passa a ser medida por três dimensões básicas: Sentimento, Pensamento, e Ação. Nesse momento o "Modus Vivendi" do novo ser começa a ganhar novas facetas e seu comportamento um novo perfil.

A grande Essência Cósmica nesse dado momento, imprime uma centelha e ressuscita uma pequena porção de si mesma a qual implantou no homem no ato da criação e, assim ele passou a ser recipiendário de uma pequena parte do poder cósmico para fazer uso deste realizando o Bem ou o Mal. Por outro lado, ressuscitou também um juiz interno adormecido dentro desse novo ser para analisar e decidir sobre suas ações: a Consciência.

A consciência agora acordada do sono da criação, tem como objetivo principal o de mostrar a esse novo homem tudo aquilo que representa sua realidade interior e que o ligará à verdade absoluta.

A aceitação pelo homem das revelações feitas pela sua consciência, depende única e exclusivamente de sua força interior: a Vontade; assim como todas as suas ações.

Realizando o Bem ou praticando o Mal o homem sempre terá plena consciência de suas ações e, sua vontade será soberana na decisão dos caminhos que quiser tomar.

Nos parece que a partir do momento em que a Consciência Cósmica revelou para a consciência do homem o que é o Bem e o Mal, ou seja, a Virtude e a Ignorância introduziu também a necessidade de cultuar a prática da Virtude para impedir, desta forma, que a Ordem voltasse ao Caos. Assim, fez do homem um depositário de uma verdade primordial, infundindo nele o segredo interno.

Desta forma, o homem traz dentro de si parte da Consciência Cósmica revelada, ou seja, a ordem da criação é sustentada nele por essa consciência a qual é transmitida de geração a geração por meio de Símbolos e Iniciações.

Em todas as fases da evolução da sociedade, o homem esteve envolvido com os Símbolos da criação e com a verdade inefável, pois algo dentro dele sempre o levava a esse envolvimento. Tudo leva a crer que o Símbolo não é a criação do homem, mas sim obra divina. Os Símbolos são revelações feitas a consciência do homem, por determinação da Consciência Cósmica. É o meio pelo qual quando despertada a consciência mística no homem, o Inefável se comunica. É a onda de sintonia que se estabelece entre a consciência cósmica e a essência primordial do homem.

Nos parece ainda que na ascendência evolutiva do homem, no ponto em que tal revelação se manifestou, fez surgir ao mesmo tempo os germes das sociedades iniciáticas. Em que ponto tudo isso começou, não tem a menor importância, mas por que tudo isso começou é da maior relevância.

O PORQUÊ DA MAÇONARIA

Quando falamos que o homem recebeu em sua essência o poder para o Bem e para o Mal, nos vale dizer que o ser humano carrega dentro de si os "Gens" da corrupção, do ódio, do egocentrismo, da mentira, da maledicência, da mediocridade e outros tantos; daí talvez tenha saído a razão da existência das escolas iniciáticas, ou seja, de reprimir no homem a supremacia de seus "gens maléficos" pelo enaltecimento dos seus "gens benéficos" através do aperfeiçoamento de suas ações e da "consciência do ego".

Assim, tais sociedades através de métodos especiais - a INICIAÇÃO - faz com que o homem preencha sua existência procurando a "palavra perdida", ou seja, seu grande segredo interno, sua verdade existencial, sua chave para a felicidade. Com isso, ele passa a formar sua existência por meio da construção de seu Templo interno, onde o obreiro mais eficaz à sua disposição é o AMOR. Quando o homem progride nesse evento, automaticamente irá se tornando um líder eficaz, o qual será muito útil na condução da construção da existência da sociedade.

As sociedades iniciáticas embora tenham surgido em diferentes épocas da evolução da humanidade e com nomes e roupagens também diferentes, na realidade todas têm o mesmo ponto de partida, ou seja, a essência de todas elas é a mesma, porque evoluíram de uma única idéia básica inicial, a de aprimorar a individualidade do homem e com isso aproximá-lo de seu criador.

O objetivo principal é o de fazer com que o homem cresça interiormente e expanda sua consciência fazendo evoluir sua essência para que esta, posteriormente, possa religar a Essência Cósmica de onde partiu inicialmente.

A Maçonaria é uma dessas sociedades iniciáticas, porém com uma conotação e objetivos mais amplos diante da realidade existencial da humanidade, ou seja, apesar dela ter um elo comum com todas as demais - o de ligar o homem com Deus - ela representa a síntese do processo evolutivo do homem do ponto de vista intelectual e moral. Haja vista que ela procura desenvolver no Iniciado o culto da inteligência e da mais pura moral.

A VERDADE ESTÁ NO AMOR

A consciência cósmica infundiu no homem a centelha da inteligência para que na prática fosse desenvolvida e assim, cada vez mais, o recipiendário ganhasse plena consciência daquilo que avilta seu espírito e, daquilo que o faz virtuoso. Por outro lado, a Consciência

Cósmica, ainda amparou o homem com dois instrumentos indispensáveis que são: a vontade que nos ensina a decidir e o Amor que nos ensina avaliar, filtrando nossos sentimentos, nos auxiliando na repressão do Mal e nos motivando para o cultivo do Bem.

A Maçonaria autêntica pratica o postulado de que a verdade está no amor. O amor que é o grande construtor na elaboração do homem justo e perfeito. Onde existe amor germina sabedoria e nasce o equilíbrio. O amor é o elemento vital que faz com que indivíduos incorporem ideais verdadeiros e trabalhem em favor de uma boa filosofia de vida. O amor é a fonte de nosso desenvolvimento interior. Por essa razão que alguns dos nossos ensinamentos estão embasados nessa verdade.

A verdade interna quando desvelada, suscita em seu depositário, a revelação dos princípios básicos e dos caminhos para o atingimento da mais pura moral, a qual quando gradativa e rigorosamente aplicada, vai moldando a existência do homem, ou seja, lapidando sua existência, fará com que sua essência ganhe mais individualidade.

Sempre que um grupo se reunir em nome da verdade cósmica - o amor - esse grupo terá uma ampliação de sua consciência; daí com maior sintalidade terá como consequência a motivação, fazendo crescer o germe do entusiasmo, do respeito mútuo, da vontade permanente de colaborar, do desejo de ensinar, da vontade de aprender, da liderança, da aceitação sem submissão e da crítica para construir melhor.

MAÇONARIA COMO MODIFICADORA

A Maçonaria autêntica tem a conotação de um laboratório onde idéias são germinadas, combinadas, aprimoradas e aplicadas. Aí está o verdadeiro culto do intelecto.

A ação modificadora imprimida pelo Homem Livre objetivando mudar o comportamento da sociedade como um todo é feita pelo verbo. É somente através da palavra bem elaborada que se consegue mudar as formas de pensamentos e a prática de novas atitudes. Para tanto, não basta ser livre e de bons costumes, por isso no seio da Maçonaria é desenvolvida a liderança pela cultura, a motivação pela pureza de ideais e a liberdade com responsabilidade plena.

A Maçonaria atua no Iniciado promovendo uma série de alterações no seu clima mental que o fará mais receptivo a mudanças, as quais são introduzidas pelos instrumentos de ação psicológica. Esse processo transformador foi arquitetado de tal forma para induzir no indivíduo modificações em sua vida interna, as quais refletirão positivamente nos seus sentimentos, nos seus pensamentos e nas suas ações. A arquitetura do Templo, a disposição de seus membros, as combinações de palavras, os gestos, os ritmos e o tempo determinado, nada mais são do que parte de um processo técnico componente dessa ação psicológica transformadora, cuja finalidade é a de fomentar em cada Iniciado o pensamento sobre a razão de sua existência e induzindo-o a buscar dentro de si as origens de sua vida interna.

A Maçonaria procura criar no Iniciado uma visão mental mais ampla, estabelecendo um espaço e um tempo privilegiado para poder infundir na sua consciência as condições de uma presença para si mesmo e para os demais, de forma mais vasta e muito mais elevada.

Para tanto, o uso de Ritualística e do simbolismo constituem as ferramentas básicas para trabalhar nessa mudança e promover uma atitude mental positiva no Iniciado. O uso da cerimônia Ritualística, bem como aglutinação de idéias encerradas no Símbolo, constituem acima de tudo um método educativo perfeito o qual já atravessou séculos, culturas e religiões e continuará ainda válido por tanto tempo quanto o homem existir porque, como já foi dito, o Símbolo e o Ritual não são invenções do homem, mas sim revelações tiradas do fundo do seu ser, ou seja, da sua própria essência.

MAÇONARIA COMO GUIA

A função da Maçonaria como de toda escola iniciática, é a de supervisionar a ordem que saiu do caos, ou seja, o homem. A essência do homem, como é parte da Essência Cósmica, adquiriu uma dependência total da existência, por determinação da Consciência Divina. Assim, a passagem da essência pela existência terrena é parte obrigatória do processo evolutivo estabelecido pelo criador, ou seja, a descida do espírito na matéria é inevitável. Assim, o espírito se torna temporariamente dependente do casulo material que chamamos corpo para poder existir como unidade estável fora da Essência Cósmica. Desta forma, o homem como entidade essência-existência ou espírito-matéria por constituir uma nova identidade perde totalmente sua individualidade, portanto necessita ser guiado para que possa trilhar os caminhos certos e consiga rasgar a escuridão de sua ignorância e partir com retidão no longo caminho que o levará à iluminação interior.

Nos parece que aí está uma das obrigações básicas da Maçonaria autêntica, guiar o caminho do homem, conduzir a humanidade no sentido de seu crescimento espiritual, ou seja, o de aprimorar sua essência, através do amoldamento de sua existência.

A Maçonaria exercita sua doutrina tanto no plano físico como espiritual, ela congrega seus adeptos imprimindo o verdadeiro sentido da irmandade, fazendo um trabalho de uma equipe perfeitamente afinada em seu objetivo maior que é o de tornar feliz a humanidade pela prática da moral elevada e pela disseminação dos bons costumes.

O processo de ensinamentos maçônicos faz com que cada um dos seus membros conheça o sentido da palavra liberdade e, esse sentido é conseguido no momento em que cada um de seus membros se torne digno de si mesmo, da família, da pátria e da humanidade. É só a partir daí que é possível fazê-lo um elemento disponível para dedicar um trabalho em favor da felicidade de seus semelhantes. Isto acontece porque ele aprende de maneira eficaz a utilizar o instrumento da razão. É somente pelo conhecimento de si próprio e da humanidade que o homem chega à concepção de idéias universais tais como as de unidade, de causa, de conteúdo, de conhecimento, de bom-senso, de direito e, principalmente de justiça, as quais o fará tomar atitudes corretas ou pelo menos mais acertadas, pois, só é justo aquele que consegue manejar com habilidade o instrumento da razão.

A Maçonaria visa, também, acima de tudo pregar a justiça, sem no entanto fazer distinção de nenhuma espécie ou categoria. Para tanto, suas máximas têm se apoiado na lei moral e divina. Quando se pratica o exercício da justiça, indubitavelmente se está impedindo o imperativo da ignorância e o domínio pela tirania, e evitando assim, que a força bruta suprima nossa liberdade e aniquile nossa equidade. Todo esse conteúdo necessita de uma forma para mantê-lo como um todo. As atitudes necessitam de um direcionamento preciso e incisivo para romper as imperfeições. Esta direção é a Maçonaria.

O aprimoramento interior não se faz da noite para o dia, pois, quanto maior forem as imperfeições mais difícil e mais demorado será a sua remoção. A Maçonaria deve funcionar como elemento de motivação o qual irá infundir determinação para que nosso ser, a cada dia, trabalhe mais intensamente na sua lapidação interior, e isto, só se faz com o culto do conhecimento e com o espírito da autocrítica, porque só poderemos ser aquilo que realmente somos e não aquilo que queremos aparentar ser.

MAÇONARIA COMO ESCOLA EVOLUCIONISTA

A Maçonaria é sem nenhuma dúvida uma escola evolucionista autêntica que visa proporcionar, acima de tudo, um afinamento perfeito entre: o Social, o Filosófico, o Político e a Moral. Tal sistemática é infundida gradativamente na formação do Iniciado, para que no futuro este tenha uma conotação maior como construtor social e como líder que irá interferir no mundo profano, objetivando conquistar um Espaço Novo, onde o ser humano possa viver em paz, com igualdade, justiça e prudência.

O objetivo da Maçonaria não é a utopia de fazer de cada um de seus adeptos um filósofo, mas tem se esforçado para prepará-los para serem úteis à sociedade, ou seja, da mesma forma que cada célula cumpre seu papel executando suas obrigações no corpo humano, o Iniciado cumpre seu papel na sociedade, visando torná-la mais justa e mais tolerante.

A Maçonaria é um processo de educação do homem onde ele é aluno e ao mesmo tempo o Mestre, ou seja, ela propõe a oportunidade para cada um descobrir os seus valores definitivos. Seu processo autodidático permite ao Iniciado perguntar e dar as respostas, pois cada qual rebusca dentro de sua essência para tentar encontrar sua ordem interior.

Ao Iniciado é dado a chance de arquitetar-se pessoalmente, ou seja, conhecer-se e, a partir daí compreender a natureza dos outros, para poder participar ativamente na arquitetura da sociedade. Através da Iniciação, a Maçonaria tenta abrir as mentes obtusas e fazer com que por este nobre meio de educação, cada Iniciado tome posse de si mesmo.

Em toda a história da humanidade, pode-se observar que a moral não mudou, o que mudou foram apenas os valores que esta tem na cabeça de cada pessoa e, por isso deixou de ser ensinada. Acreditamos que a educação moral seja o pano de fundo de todo ser humano, pois, foi infundida no ato da criação, ou seja, ela existe dormente no interior do homem. Assim sua revelação na consciência de cada indivíduo é imprescindível para a construção de uma sociedade futura mais amena; daí está a importância e a grande responsabilidade da Maçonaria, como escola que é, e que deve primar pelo ensino da moral. Motivar Iniciados e adeptos de sua filosofia é fundamental importância para estancar as forças existentes no seio da sociedade, as quais está carreando a humanidade para volta ao caos.

O que é Ritual

"Todas as coisas são partes de um grande processo rítmico de criação e destruição"

A origem dos Rituais usados pelos cultos e religiões de um modo geral, advém muito provavelmente da imitação do processo primordial que estabeleceu o ciclo cósmico, onde por obra da Grande Consciência foi consumado o ritmo da criação.

Tentaremos em um esforço de imaginação, dar uma idéia de como isso tudo se concretizou. A formação do Cosmo, até onde nossa imaginação pode alcançar, provavelmente está ligada a um processo de mentalização da Grande Consciência, já que no mundo em que vivemos tudo é mental e fora da consciência cósmica, tudo é ilusão. Acreditamos que a grande Consciência em determinado ponto de sua gênese, onde permanecia limitada a si própria, dando continuidade ao seu processo de autocriação resolve expandir-se. Diante disso cria uma aura a qual se manifesta na forma de um grande círculo, o qual continua se expandindo infinitamente e, desta forma, circunscreve sua infinita e inefável presença. A partir daí, estava criada a matéria primordial que daria origem ao Cosmo. Nesse ponto, a grande consciência experimenta o poder de seu espírito - o Fogo Criador, o qual através de múltiplas e infinitas manifestações, começa a organizar a matéria dando início à gestação do Cosmo.

Na nossa imaginação o Cosmo ainda está em formação e o que temos até o momento é a própria Grande Consciência manifestada, porém em fase de desenvolvimento, ou seja, a Grande Obra apenas foi começada estando, portanto inacabada, ou seja, o universo ainda está em formação.

Como foi exposto, Deus criou o Cosmo de si mesmo, porque nada existia fora Dele, ou seja, Ele tirou de si mesmo todo material necessário para o seu desenvolvimento. Para ficar mais claro, utilizaremos o ovo - símbolo da vida, o qual após constituído, pela ação do calor, tira de si mesmo todo material para constituir uma nova presença para si mesmo, ou seja, uma nova vida. Isto é uma imitação, porque na natureza tudo que se manifesta, o faz por imitação do seu criador. Deus criou o universo através da alquimia de seus sentidos, onde pela transmutação de sua essência estabelece sua existência em um mundo material, ou seja, estabeleceu uma nova presença para si mesmo. Agora Ele é o Todo Criado, onde tudo está contido e tudo se recicla no Todo.

Esse ato da Grande Consciência estabeleceu no Todo Criado um ritmo infinito, ou seja, uma contínua imitação que desde o início da criação da Grande Obra estabelecida pela alquimia Divina, se concretizou como um contínuo processo transformador que se manifesta em todas as coisas. Este processo transformador é o Divino Ritual. O Ritual da criação estabelecendo seu poder de transformação, cuja ação se manifesta infinitamente na organização da matéria.

O DIVINO RITUAL DA CRIAÇÃO

Segundo uma antiga filosofia hindu, a respeito da cosmogênese, o universo foi formado pelo sopro de Brahma, ou seja, pelo seu alento, que na expiração cria todas as coisas e pela inspiração destrói e reintegra a Unidade. Partindo desse ponto podemos estabelecer uma correlação com um processo cíclico, ou seja, o criador estabeleceu um ciclo perfeito, onde sua presença na matéria está continuamente reciclada. Desta forma, recicla sua energia criadora estabelecendo-se na matéria e, posteriormente, se integrando ao todo.

Assim, fica claro a existência de um permanente intercâmbio entre a consciência cósmica e sua própria manifestação na matéria. Desta forma podemos extrapolar que a Consciência Cósmica se diversificou em múltiplas existências as quais se perderam na matéria em um período de transformação para posteriormente se encontrarem em união com o Todo. Aqui cabe uma pergunta: por que isto acontece? A resposta, certamente está na reciclagem, ou seja, o objetivo está ligado à busca do aperfeiçoamento. O Grande Arquiteto do Universo quando estava limitado a si mesmo, sem a consciência total de suas potencialidades, quando expandiu sua consciência criou o Caos e, tendo ciência disto, colocou em ação o organizador das coisas - o fogo Criador - e, estabeleceu a Ordem. Assim, temos no universo um processo contínuo de criação desordenada seguido, também, por um processo contínuo estabelecendo a ordem. Este processo perpétuo em todas as coisas, ou seja, tudo passa pelo caos e em seguida pela ordem, nada mais é do que um Ritual de perfeição. Assim tudo que existe, existiu ou vai existir é o resultado de um processo alternativo do caos para ordem. Todo Cosmo, então, está empenhado em movimento e atividade incessantes, ou seja, uma permanente Dança Cósmica de Energia se manifestando em várias frequências vibratórias. Este fato foge ao terreno da imaginação para concretizar-se em fato científico. A física moderna mostra-nos que o movimento e o ritmo são propriedades essenciais da matéria e que toda matéria na terra ou no espaço, está envolvida numa contínua Dança Cósmica. Apesar disso se caracterizar como fato científico moderno, vamos encontrá-lo num culto muito antigo já citado - o Hinduismo, onde vemos a imagem do deus dançarino Shiva - um dos mais antigos e populares dentre os deuses, aparece como Rei dos Dançarinos. Sua lenda conta o seguinte: todas as vidas são partes de um grande processo rítmico de criação e destruição, de morte e nascimento e, a dança de Shiva, simboliza esse perpétuo ritmo de vida e morte que se desdobra em ciclos intermediários.

A dança de Shiva simboliza não só o ciclo cósmico de criação e destruição, mas o ritmo diário de nascimento e morte. A física moderna mostrou que o ritmo de criação e destruição não se acha manifesto apenas na continuidade das estações e no nascimento e morte das criaturas vivas, mas na essência da matéria inorgânica. O átomo é o melhor exemplo de caos e ordem ou de destruição e criação. Nele existe um movimento vibratório intenso e toda interação entre seus componentes ocorre através da emissão e absorção de partículas virtuais e, isto segundo a ciência é a base da própria existência da matéria. Para se entender melhor alguns pontos, voltamos a falar do princípio hermético da polaridade, ou seja, os termos criação e destruição são aspectos da mesma coisa. Por exemplo: para se esculpir uma estátua é preciso destruir a pedra. Agora quando destruimos a estátua temos novamente pedras. Desta forma podemos afirmar que o que existe é na verdade um contínuo processo de alteração de ordem e também de caos. É o Ritual da Perfeição, porque nada é permanente, tudo é temporário, tudo se transforma, tudo evolui, tudo não passa de uma grande ilusão.

O HOMEM IMITA SEU CRIADOR

O homem, como não poderia deixar de ser, é uma das múltiplas diversificações de Deus e, como tal, também um ser inacabado, portanto, em processo de transformação, se autocriando. O homem tem uma essência que podemos chamar de energia ou espírito e, uma existência que podemos chamar de matéria ou corpo. Assim, a essência do homem é parte da essência de Deus e, da mesma forma que Deus, o homem também constrói e destrói pela consciência, estabelecendo o seu próprio ritmo. Da mesma forma que a Grande consciência estava inicialmente restrita a si mesmo, também está o homem em seu estado atual, restrito a si mesmo.

Como a essência do homem é parte da Consciência Cósmica esquecida na matéria, assim ele também precisa expandir sua consciência para se encontrar em união com o Todo, ou seja, fazer o processo de volta. Agora perguntamos: como se pode fazer isto?

Certamente a resposta está no ato de imitar a criação da Grande Obra iniciada. Imitando o Divino Ritual. O Ritual que o criador usou para a alquimia do Universo, a dança de Shiva, o Ritual da Criação. O homem é mental como tudo no Universo. O que está nele inacabado é seu corpo mental, assim sua consciência é que está sendo trabalhada. O homem consegue realizar modificações em sua consciência através do processo Ritual, que é um condutor para aqueles que são capazes de descobrir dentro de si a palavra perdida ainda brilhando. Como se pode denotar o Ritual é um método que realiza a magia da transformação, promovendo mudanças na consciência voluntária. Tendo o poder voluntário para criar ou destruir por meio da consciência, o homem pode usar esse processo Ritual para se autoprogramar e, através disso, também, criar um ciclo perfeito involuntário que o levará cada vez mais perto do seu verdadeiro Eu.

E como foi descoberto este método? Este método de transformação mental não é invenção do homem, mas é inerente à sua própria essência e já está há muito tempo impregnado na sua existência. Desde de que o homem vive em comunidade o processo é utilizado, pois, ele sempre esteve presente na sua essência e, em algum lugar há algum tempo, alguém desvelou de dentro de si mesmo, do fundo de sua inconsciência, este processo mágico esquecido em seu ser desde a noite da criação.

O PROCESSO RITUAL

Como se sabe a educação do homem se realiza por símbolos e não por palavras. As palavras constituem apenas uma linguagem intermediária que, chegando na mente humana e decodificada e transformada na linguagem primordial, a linguagem dos símbolos. Assim os símbolos são elementos de formação da personalidade humana. O símbolo na mente do homem produz uma imagem de equivalência chamada arquétipo a qual vai dando formação ao arquivo do subconsciente. Assim, cada som, cada idéia, cada imagem e cada ação que chega à mente consciente produz uma imagem de equivalência no subconsciente, bem como o próprio subconsciente está em constante sintonia com o inconsciente coletivo donde também assimila seus arquétipos. O Processo Ritual foi revelado para a mente consciente da mesma forma que se encontra no inconsciente, ou seja, por meio de uma libertação do inconsciente, ele surgiu na consciência, porém na linguagem primordial, a linguagem dos Símbolos. Desta forma, em contato com o Processo Ritual a consciência também o recebe em linguagem simbólica, a qual facilmente penetrará nos extratos do inconsciente. O Processo Ritual utiliza-se do som, da imagem, da palavra, do drama e dos objetos, os quais em conjunto formam o Símbolo Transformador que atuará no inconsciente como uma verdadeira chave a qual promoverá a abertura de portas no Umbral da mente, permitindo a sublimação do arquivo inconsciente. Como consequência dessa libertação promoverá mudanças na consciência. Existe uma teoria a respeito da personalidade que diz que temos uma mente Subliminar e, o entendimento de tal teoria facilitará o entendimento do que foi dito acima. A idéia geral é que a mente consciente é aquela que se encontra acima de um determinado nível da consciência chamado Limem ou Umbral. O nível de consciência supraliminar, ou seja, o que está acima do limem é o único nível mental consciente propriamente dito.

Abaixo do limem existe outros extratos de consciência que chamamos de Subliminar ou Subconsciência ou ainda Inconsciência. Como se pode observar a mente humana é dual, tendo um nível consciente desperto e um outro abaixo do limem, inconsciente.

Segundo F.W. Myers, pesquisador que estudou esta questão, muitos fenômenos mentais podem ser explicados levando em consideração que, sob certas condições e através de certos canais, o subconsciente pode elevar-se e manifestar na vida desperta. E demonstrou ainda, que o nível subconsciente é muito maior em sua extensão e potencialidade do que o nível consciente. Myers fez uma brilhante associação de idéias, quando comparou o comportamento da mente com o "comportamento" de um "iceberg". Como se sabe o "iceberg" é um enorme bloco de gelo que flutua no oceano e que apresenta a seguinte característica: uma pequena parte apenas fica visível, enquanto sua maior parte fica escondida sob as águas do oceano. O "iceberg" apesar de flutuar não obedece a ação do vento, pois, é comum se observar o vento soprando num sentido enquanto ele se desloca em sentido contrário. Tal fato deve-se à existência de correntes marinhas muito abaixo da superfície as quais são responsáveis pelo seu deslocamento. Processo semelhante ocorre com a mente humana, ou seja, a personalidade é movida essencialmente pela mente inconsciente. A descoberta desse fato foi responsável pelo surgimento de uma nova psicologia estruturada por Sigmund Freud e Carl G. Jung.

Freud demonstrou que por de trás da mente consciente tanto nos amimais como no ser humano existe uma força ou energia condutora a que chamou de Libido. Esta energia do subconsciente se manifesta nos instintos fundamentais que são três: Autoconservação; Sexual e; Social. A estes três, Jung acrescentou mais um exclusivo do ser humano que é o instinto Religioso.

Jung viu a função religiosa como algo inerente à alma humana, como uma força pertencente à própria estrutura da psique e impossível de ser irradicada. Jung refere-se à religião como um corpo de idéias e símbolos que veicula vivências psíquicas profundas.

Durante o processo evolutivo psíquico do homem, houve um predomínio muito grande dos três instintos primitivos, porém segundo os pesquisadores o instinto religioso sempre esteve em funcionamento. À medida que a humanidade se desenvolveu, a mente consciente começou a diminuir a intensidade de alguns instintos primitivos e desviá-los para outros canais. Isto aconteceu de maneira irregular e brutal promovendo atritos nos extratos da mente. Isto é pela repressão da liberdade instintiva, mais ou menos aos moldes do que chamamos de "lavagem cerebral".

O surgimento do cristianismo promoveu esse trauma, pois, de certo ponto de vista a sua introdução foi impositiva. Sua necessidade imperiosa de ganhar poder, deflagrou uma intensa campanha repressiva cujo objetivo era o de promover a degeneração total das crenças antigas. Com isso, intensificou a repressão dos sentidos primitivos e o substituiu de forma traumática pela fé cristã. A repressão da liberdade instintiva do indivíduo produziu uma "barreira" entre os níveis subconsciente e consciente da mente.

A psicologia de Myers comprovou que para eliminar esse trauma é preciso fazer o processo inverso causado pela repressão. Destacou que o único caminho está em devolver para a mente consciente o poder dinâmico preso atrás dessa barreira. Destacou, ainda, que somente após o resgate do poder dinâmico é que o homem voltará atuar em seu verdadeiro nível. É exatamente nesse ponto que entra o quarto instinto colocado por Jung, o instinto Religioso, que leva o homem a evoluir para níveis mais altos da consciência.

A investigação psicanalítica moderna estabeleceu a existência do inconsciente o qual possui certos níveis de desenvolvimento bastante profundos e que une o indivíduo com outras mentes e com outros processos mentais da humanidade.

Assim o homem possui um inconsciente Personal que é constituído por idéias e emoções alocadas abaixo do limem e, estas mesmas idéias e emoções compartilham com toda humanidade presente e passada. Isto foi chamado de inconsciente Coletivo, que funciona como um pano de fundo do nosso inconsciente e, através de seus arquétipos, exercem influências sobre nossas vidas, porém tais influências são desconhecidas para mente consciente.

O processo Ritual, tem como objetivo trabalhar com a mente inconsciente. Sua ação está em promover gradativamente o retorno do poder dinâmico para a mente consciente, ou seja, todo trabalho visa em última análise a liberação do inconsciente. O Ritual com toda sua carga simbólica, estabelece uma linha direta com o inconsciente e aí, promove uma reciclagem dos seus Símbolos reprimidos abaixo do limem para nível consciente. Como já foi dito o Ritual é uma chave que aciona este processo de transformação e reciclagem da consciência. O Ritual é um processo de neuroprogramação que atua no subconsciente visando liberar o poder dinâmico do homem, levando-o a transformações radicais em seu estado consciente por meio do estabelecimento de uma ação involuntária auto-sustentada. É o processo que busca na escuridão do inconsciente o verdadeiro "Eu" perdido. O Ritual aciona no indivíduo a busca do que chamamos de conhecimento interno, os quais, os antigos ocultistas chamavam de esotérico, pois, tinham como ensinamento que sua meta obrigatória era transformar o homem num instrumento digno de ser utilizado pelas forças da Luz e, como consequência, dedicar-se a serviço de Deus e da humanidade.

A AÇÃO PSICOLÓGICA DO RITUAL

O Ritual é o instrumento de ação psicológica que faz com que o homem se integre ao Símbolo, haja vista que no processo o homem participa como parte do próprio Símbolo, representando-o e apresentando-o aos nossos sentidos. Cria-se um ambiente no sentido de dar ao indivíduo uma sensação de despojamento total de sua consciência comum, fazendo calar suas paixões e seus desejos para abrir os canais que o fará reencontrar suas fontes existenciais, o seu poder dinâmico, seu sentido de liberdade e igualdade reprimida nos extratos do subconsciente. O Ritual permite que cada um busque dentro de si o seu segredo e tenha consciência de que é o depositário absoluto de parte da Grande Consciência manifestada e que o caminho do aperfeiçoamento é sua meta final. O processo Ritual tem uma carga energética muito grande sobre o indivíduo. Seu poder está exatamente na criação de uma atmosfera diferente do meio comum. Ele cria uma atmosfera psicológica ou além dela, e põe o indivíduo em sintonia com ele. Esta ambientação cria uma espécie de efeito hipnótico e faz com que o indivíduo se torne receptivo à fórmula Ritualística, ou seja, o processo Ritual prepara a mente e a fórmula sugestiona as mudanças na consciência. À medida que se desenvolve o processo Ritual, as imagens que vão surgindo na mente estimuladas pelo processo, vão sendo usadas como sugestão para a mente consciente que está no momento sensitiva devido a indução promovida pelo Ritual. É como uma espécie de auto-sugestão emergente que não depende da vontade. É uma forma de jogo psíquico, onde o poder dos arquétipos é utilizado para tornar a mente consciente imune a suas próprias distorções. Através desse processo a consciência vai se reciclando, ou seja, vai reduzindo a energia de determinados arquétipos causadores das imperfeições do consciente até a eliminação por completo.

Como pode-se denotar, o Ritual é um poderoso instrumento de neuroprogramação para mudar o clima mental do indivíduo ou grupo a ele submetido. Tal processo se for usado com conhecimento de seu poder e com inteligência, poderá reverter em benefícios de valor incalculável para o indivíduo ou grupo.

Da mesma forma que quando mal utilizado pode trazer prejuízos irreparáveis. A prova disso, temos visto algumas pseudo-religiões onde certos indivíduos são levados à loucura total ou a atitudes insanas como despojamento de bens, destruição da família e prática de suicídio.

O RITUAL COMO AGLUTINADOR

As sociedades secretas têm como elemento estrutural de sua senda o Ritual, o qual funciona também como elemento convergente do grupo. É o fermento aglutinador que faz com que pessoas mantenham-se coesas em torno de um ideal filosófico. O Ritual foi e continua sendo a viga mestra de sustentação das sociedades iniciáticas. Não podemos imaginar uma sociedade dessas sem a presença desse método, pois, certamente perderá sua finalidade.

A história tem testemunhado ao longo de seu período o surgimento e o desaparecimento de tais sociedades, fato que tem ocorrido, certamente, pela desestruturação do processo Ritual, pela perda de sua força mística. A parte mais importante do processo é o seu lado mágico, oculto, sua tradição secreta, elementos que fortificam seu poder de ação na esfera psíquica. Se realizarmos uma pesquisa a esse respeito, vamos verificar que o desaparecimento de tais seitas tem como ponto comum a destruição de sua viga de sustentação, ou como ocorre em nossos dias, pela degeneração de suas fórmulas. Nossa sociedade atual, impactada pela explosão da tecnologia, tem sido sem dúvida a responsável por tais fatos, pois à medida que os meios de comunicação vão estabelecendo seu espaço em nossas vidas vão, também, nos conduzindo para certas neuroses de massa, ou seja, à medida que começam a conduzir nossas vidas começam a nos reprimir e retirar nosso poder dinâmico e, tal fato nos faz romper com as tradições.

Tendo em consideração esta realidade imposta pelo "status" atual, para se manter a tradição é preciso que se estabeleça um processo de educação continuado dessas tradições. Assim as sociedades secretas, tais como a Maçonaria, devem implantar no seu meio um método que vise proporcionar conhecimento absoluto do processo Ritual e dar a seus membros ciência do poder que têm nas mãos e motivar cada vez mais o estudo profundo sob outros ângulos desse processo fabuloso de alquimia humana. Procurar com isso resgatar as raízes de seu conhecimento, ao contrário de propor reformulações que visem à supressão de suas partes com o objetivo puro de simplificação ou por achar perda de tempo. Não existe nada mais ignorante e descabido do que tais proposições, ou ainda, anexar certos invencionismos sem a base do conhecimento tradicional que só leva como tem levado, a deterioração do processo. Nos dias atuais temos visto constantemente pessoas em nosso meio que acreditam que o Ritual é pura perda de tempo e o suportam como formalidade apenas. Ao longo da história da Maçonaria, temos visto Ritos sendo modificados. Recentemente no Brasil, vimos uma potência maçônica de grande extensão, modificar totalmente seu Ritual tradicional para meia dúzia de folhas impressas por achá-lo perda de tempo. Quem ainda não viu em sua vida maçônica um ato ou decreto modificando um procedimento ou outro dentro do Ritual? Certamente poucos, porque a grande maioria já vivenciou isto. É fato notório que temos tido no meio maçônico dirigentes que são ignorantes a esse respeito. Como se sabe, toda estrutura de poder avilta o homem, e a Maçonaria desde a direção da Loja até a direção da potência representa uma estrutura de poder de mando, como consequência poder político e, como não poderia deixar de ser a política sempre favoreceu a benefícios particulares e não da coletividade. É preciso acima de tudo, eliminar esse tipo de ignorância, pois se existe esse nível de desconhecimento certamente os objetivos de todas as sociedades secretas, mais especialmente da Maçonaria que é o de aperfeiçoar o homem, não está cumprindo seu intento.

Como sabemos, o conhecimento é um produto perecível e, portanto, precisa ser reciclado constantemente para manter sua integridade ou ganhar ampliação. A sedimentação do conhecimento está na sua prática. Assim, o aprimoramento da Arte Real, ou a arte de praticar o Ritual depende de sua execução com conhecimento de sua extensão e potencialidades, acrescentado de um elemento primordial que é a devoção e o entusiasmo para com a tradição esotérica, evitando assim o seu retalhamento e deterioração do processo, impedindo que no transcorrer dos tempos seus objetivos se percam no meio do caminho. Evitar que no futuro ou no momento Iniciados encarem suas sociedades secretas como clubes de amigos, por não conseguirem entender, no fundo, os seus propósitos.

O Ritual tem sempre o mesmo poder de ação quando usado adequadamente, embora em algumas situações com propósitos aparentemente diferentes, o objetivo final está sempre ligado à evolução. Dentro da Loja, como já dissemos, é o elemento de coagulação entre seus membros. É o elo comum na corrente que os mantém unidos. Daí, a importância de seu conhecimento, pois, a ignorância daqueles que o ministra é responsável pela desagregação constante do meio.

Como sabemos, a grande neurose da humanidade é o sofrimento de frustração, a qual advém da dificuldade que cada um tem de enfrentar os fatos da vida, onde tudo é impermanente e transitório. A causa desse fato está no apego fútil à vida baseado em ponto de vista errado, baseado na ignorância. Quando um profano é introduzido em uma ordem iniciática, experimenta rapidamente esse tipo de sensação, isto ocorre exatamente pelo fato dele esperar uma série de modificações em sua vida trazidas por certos conhecimentos que irá adquirir na pós iniciação, tais como fazer progresso e tornar feliz a humanidade, o que via de regra não acontece. Tal fato gera desmotivação e insatisfação porque a forma de arrebanhamento é baseada numa inverdade. A teoria é uma e a prática é outra.

Assim, como todo ser humano, o Iniciado se apega a uma idéia que tem do processo, uma verdade em que acredita e, quando vê seus desejos e aspirações não concretizados se desmotiva e se desagrega. O erro está aí, não se pode dar uma conotação de escola e não ensinar, apesar da letra do Ritual ser bastante clara a esse respeito. Quando falamos em praticar corretamente o Ritual não significa lê-lo corretamente apenas, o clima deve ser o de vivenciar o valor de cada palavra na mente e praticar sua letra de forma correta visando modificações profundas na mente, pois o Ritual de Loja não é só uma cerimônia de abertura e fechamento é o seu funcionamento todo. Cada novo Iniciado deve gradativamente ser alicerçado de novos conhecimentos para ter na mente cada vez mais nítidos os propósitos da ordem. Deve-se evitar a todo custo a desmotivação por desconhecimento e manter o Iniciado sintonizado com o poder mágico da Arte Real. O Ritual é uma poderosa ferramenta de neuroprogramação que está aí, desde as noites dos tempos, à disposição dos Iniciados e, será e continuará sendo por muito tempo o único meio capaz de modificar a consciência do homem e direcioná-lo rumo ao seu criador.

TIPOS DE RITUAIS

Quando falamos anteriormente sobre Ritual, nos preocupamos em demonstrar o processo em si, bem como sua relação com o psiquismo sem, no entanto, levar em consideração a fórmula ou sua finalidade específica. Existe uma série de Rituais que podem ser classificados de acordo com seus propósitos gerais. Assim podemos classificá-los em Sazonais; de Iniciação; de Aperfeiçoamento; de Exploração e; de Libertação.

Os Rituais Sazonais são utilizados para anunciar certos acontecimentos especiais que ocorrem durante o ano, pois, como se sabe o ano é mágico, o mês é mágico; o dia é mágico.

Se reportarmos a algumas línguas em especial as de origem

saxônica, como por exemplo o inglês, vamos observar que os nomes dos dias ainda conservam as lembranças do paganismo, tais como "sunday", "monday" e "saturday" que se traduzem por dia do Sol , dia da Lua e, dia de Saturno, respectivamente, o que nos faz lembrar o hexagrama das potências planetárias. Os Ritos Sazonais são conhecidos como Solsticiais e Equinociais e são realizados a cada três meses. Tais festas embora tenham sido apagadas em sua originalidade pelo cristianismo, continuam com nomes substitutos em nosso calendário religioso e, são as festas de Natal; Páscoa; São João e São Miguel. No mundo pagão os Ritos Sazonais além de reciclarem a função simbólica, representavam um sistema de referência para atividade agrícola.

Os Rituais de Aperfeiçoamento têm como objetivo principal atuar sobre as distorções do caráter. A fórmula utilizada visa especificamente atuar sobre o desequilíbrio pela sugestão à sua qualidade oposta. Sua carga simbólica é essencialmente de natureza harmônica e equilibrada, sua direção está apontada para o aperfeiçoamento dos costumes e da moral. Nesses Rituais encontramos uma forte presença da simbologia antiga, pois, em todos processos os Símbolos do paganismo estão presentes, pois, para mente consciente funcionam como chaves psíquicas que abrem canais para o inconsciente coletivo ou para própria essência do homem. O Ritual de abertura e fechamento das Lojas maçônicas, se encaixam na categoria de aperfeiçoamento e, como tal, também ainda possui algumas alegorias pagãs. Certamente no passado existia muito mais, porém com as pressões sofridas pela influência cristã trazidas pelos filósofos aceitos, foram gradativamente removidas. Assim, como consequência os Rituais perderam parte da simbologia arcaica.

O Ritual de Iniciação é um processo de renovação da consciência, onde o simbolismo específico utilizado é transferido em forma de drama de morte e renascimento, onde o Iniciado tem papel principal.

A idéia é sugestionar o neófito para um renascimento da consciência para com isso se conseguir um equilíbrio de forças entre as realidades interiores e exteriores. À medida que vai ocorrendo o despojamento da consciência comum, no transcorrer da cerimônia o Iniciado aprende a ver com o olho interno e a perceber sua realidade interior.

O Ritual de Exploração é um tipo de Ritual usado pelos ocultistas e tem como objetivo a viagem astral, ou seja, é mais propriamente dito um trabalho de meditação, onde o Mestre procura entrar em contato com o inconsciente coletivo para buscar certas respostas. Este tipo de Ritual foi bastante utilizado pelos Mestres da Teosofia como Blavatsky; Anne Besant e; Leadbeater, os quais nos deram conhecimentos importantes sobre a sabedoria arcaica e Maçonaria.

O Ritual de Libertação, também muito usado pelos Mestres ocultistas, tem certa semelhança com o Ritual de aperfeiçoamento, seu objetivo principal é o de despertar para consciência mística, é a libertação do inconsciente para atingir a supraconsciência.

OS RITUAIS SAZONAIS

Esses Rituais são uns dos mais antigos que se tem conhecimento, portanto achamos conveniente dar maiores detalhes sobre suas estruturas, pois, seus reflexos ainda continuam ativos nos dias atuais e, apesar das mudanças de nomes e alteração de fórmulas, funcionam como fortes Símbolos transformadores. Escolhemos os Ritos sazonais porque acreditamos que foram eles que deram origem à palavra Ritual. A palavra, na verdade, tem origem no Sânscrito, antiga língua sagrada da Índia, e a derivação é de "Ritu" que significa Estação do Ano.

Os antigos hindus tinham uma divisão climática bastante diferente da nossa, eles dividiam o ano em seis climas ou estações de dois meses de duração cada uma, acrescentando os nomes que já conhecemos mais duas: as estações de orvalho e chuvosa. Tinham como hábito a realização de algumas festas comemorativas dentro de algumas estações. Festas parecidas também eram realizadas em outras partes do mundo nos mesmos dias. As festas eram compostas de cânticos, oferendas e sacrifícios de animais. Como essas festas eram alusivas às estações ou pelo menos aparentavam ser, daí provavelmente a razão de chamarmos certas cerimônias de Ritual, que significa por conotação, culto às estações ou festas das estações. As quatro estações apresentam uma correspondência direta com os quatro elementos, pois, a Primavera representa o "AR"; o Verão representa o "Fogo"; o Outono representa a "Água" e; o Inverno representa a "Terra", daí sua relação com o inconsciente do homem. Haja vista que nos cultos arcaicos, o seu simbolismo era transferido para o homem nas festas profanas e no interior dos Templos ou locais de cerimônias para Iniciados. Essas festas são conhecidas hoje como

Ritos Equinociais e Solsticiais e, acontecem em dias especiais do ponto de vista cósmico, pois, eram uma forma de marcar alguns acontecimentos provocados por fenômenos cósmicos que o homem da época não podia conhecer por meios científicos, mas podia sentir de alguma forma especial proporcionada por algum conhecimento oculto, pois, tais conhecimentos são responsáveis pela mudança do clima psicológico da humanidade.

Na atualidade sabemos que as estações do ano são provocadas por uma inclinação de 23 Graus no eixo da Terra em relação ao meridiano celeste, como consequência expõe determinadas regiões da Terra a maior luminosidade que outras e, tal fato cria as alterações climáticas que conhecemos. Dentro desse processo é que ocorrem os fenômenos cósmicos que mencionamos. Para tornar os fatos mais claros e facilitar seu entendimento vamos estabelecer o planeta Terra como ponto fixo e o Sol como ponto móvel, tal como os antigos o viam. Para fins matemáticos também se utiliza esse processo que, como consequência estabelece para o Sol um movimento virtual. Assim, considerando a Terra fixa, em sua inclinação de 23 Graus em relação ao meridiano celeste, o Sol descreverá uma rotação aparente em torno da Terra, por uma órbita chamada eclíptica. Agora se considerarmos a Terra sem inclinação alguma, ou seja, seu eixo coincidindo exatamente com o meridiano celeste, vamos ter uma outra eclíptica a qual se for sobreposta a primeira nos dará quatro pontos de interseção. Bem! o que acabamos de falar não existe na realidade física, apenas na matemática. No entanto, essa realidade matemática provocou a existência de quatro pontos que por incrível coincidência correspondem a tais fenômenos cósmicos de que falamos. Vejamos! Dois desses pontos correspondem no calendário onde vamos encontrar um dia e uma noite de igual duração em horas, minutos e segundos. A esse fenômeno dá-se o nome de Equinócio e, isso, acontece duas vezes por ano. Assim temos o Equinócio da Primavera em 22 de setembro e o de Outono em 22 de março, isto para o hemisfério sul ou astral. Os outros dois pontos da eclíptica, correspondem no calendário onde vamos encontrar duas datas: uma em que teremos o dia mais longo do ano e a outra em que teremos a noite mais longa do ano. A esses fenômenos dá-se o nome de Solstícios. Assim temos o Solstício de Verão em 22 de dezembro com o dia mais longo do ano e o Solstício de Inverno em 22 de junho com a noite mais longa do ano, no hemisfério sul.

Pelo que acabamos de ver, será mesmo tudo isso apenas realidade matemática? Pelo contrário, temos aí uma carga mística bastante grande, pois, essas datas que acabamos de citar correspondem no mundo de hoje a algumas datas importantes do ponto de vista esotérico e exotérico. Trata-se das festas de Natal; Páscoa; São João e; São Miguel. Com as modificações do calendário juliano para o calendário gregoriano, algumas dessas datas foram mantidas e outras foram deslocadas, daí algumas diferenças de datas.

No mundo pré-cristão, o paganismo desenvolvia grandes festas Rituais em comemoração a essas datas. O advento do cristianismo, com seu ferrenho objetivo de esmagar o paganismo e de fazer do mundo pagão um mundo cristão, usou como estratégia, a substituição dessas festas Rituais, por festas cristãs, ou seja, o culto do Nascimento do Sol Levante, foi substituído pelo Natal; o culto da Fertilidade pela Páscoa; o culto de Janus por São João e; o de Marte pelo de São Miguel. Com isso, a igreja gradativamente pela coincidência proposital das datas, foi trazendo o culto pagão para o culto cristão. Com essa substituição, o cristianismo começou a ganhar terreno rapidamente, e, gradativamente seus filósofos impuseram um sistema filosófico e moral que cada vez mais tolhia a liberdade do homem da época. O ganho de poder cada vez mais crescente, apoiado pela aristocracia da época, desferiu perseguição ferrenha ao paganismo e, com isso, conseguiu reprimir o poder dinâmico do homem, pela imposição da fé cristã.

O que é Simbolismo

"A sobrevivência de qualquer cult
depende do processo de recicla
de seus Símb

ura
gem
olos”

Ao perguntarmos o que é simbolismo, não raramente iremos encontrar a definição de que é a forma de se expressar por meio de Símbolos. Se levado para o genérico, constitui um conceito correto. No entanto se for buscando o significado íntimo do Símbolo veremos que ele visa expressar o inacessível e o inefável.

O universo nada mais é do que um grande Símbolo elaborado pelo criador, o que vale dizer que tudo que podemos crer e conceber é Símbolo. Assim, o homem, do seu nascimento até a sua morte, vive e incorpora os Símbolos.

A personalidade nada mais é do que o efeito da incorporação de um grande arquivo de Símbolos, ou seja, nossa vivência no mundo é sempre simbólica e, a partir dela, separamos os fatores objetivos e subjetivos que determinam nossa conduta. Assim o Símbolo tem papel essencial no desenvolvimento da consciência do homem e, este, só consegue trilhar o caminho da individualização quando gradativamente inicia um processo de confrontamento entre seu ego e os Símbolos de sua personalidade. Através desse processo o homem começa sua diferenciação do coletivo, promovendo uma transformação de sua personalidade. Quando tal mudança é bem orientada, certamente, levará o recipiendário ao primaz de sua existência.

Na existência do homem, o produto de sua criatividade bem como seus eventos culturais, vão constituindo parte do arquivo simbólico do seu inconsciente, bem como tal arquivo simbólico vai, também, se incorporando a um inconsciente geral da humanidade que Jung chamou de inconsciente coletivo.

Assim, segundo Jung essa inconsciência global vai sendo arquitetada por meio de modelos e, suas impressões, os Símbolos, vão proporcionando pelo processo de diferenciação, mudanças constantes na consciência do homem, pois, ainda diz Jung que existe uma ligação permanente entre o homem e o inconsciente da humanidade do presente e do passado.

O Símbolo revela acima de tudo uma estrutura cósmica que não pode ser formulada positivamente e nem explicitamente, ou seja, um modelo cósmico para todas as coisas o qual PLATÃO chamou de ARQUÉTIPO.

Quando nos referimos acima sobre o produto da criatividade do homem, estamos falando na verdade da transferência ou materialização daquilo que já existe potencialmente nos confins da essência, o qual por meio de um esforço intelectivo ou espontaneamente, faz aflorar no campo da ideação, formando sua existência também em ato. Em nosso entender, o poder de criação do homem nada mais é do que um processo onde ele rebusca dentro de sua essência, para encontrar uma sintonia que o ligará ao arquétipo cósmico, onde todas as coisas já estão criadas. Desta forma, acreditamos que os arquétipos da inconsciência nada mais são do que partes espalhadas do arquétipo cósmico, ou seja, um enorme "quebra-cabeças" criado pela consciência divina, onde gradativamente o homem vai tendo revelação de parte de seus Símbolos, ou seja, as coisas que chamamos de invento do homem, não chegaram até ele no seu todo, mas sim por partes. Para melhor exemplificar, citaremos o fato de que o rádio não poderia ter sido "inventado" antes da eletricidade, assim como seu todo é o resultado de descobertas isoladas de suas partes.

Desta forma podemos dizer que o modelo que dá origem ao Símbolo é revelado paulatinamente na consciência do homem e que este pelo esforço intelectivo, vai gradativamente encontrando novas revelações a respeito, ou seja, a cada novo esforço intelectivo sua consciência se amplia um pouco mais, e dá vazão a novas revelações contidas no Símbolo.

Desta forma, a revelação simbólica é um processo permanente na consciência do homem, porém sua maior fluência depende de um processo de sintonia que se realiza entre o arquivo simbólico de sua inconsciência e pensamento imanente dirigido para o Símbolo.

O SÍMBOLO COMO HERANÇA DIVINA

O Símbolo é sem dúvida a imagem do arquétipo que surge na inconsciência do homem e passa a constituir a unidade funcional de seu psiquismo. Assim sendo, se constitui num agente transformador que faz fluir energia consciente e inconsciente para estruturar a consciência de conformidade com o arquétipo.

O Símbolo é algo implícito na essência do homem e suas estimulações a nível psíquico são produzidas por alguma forma de energia cósmica que flui continuamente do Grande Arquétipo do Cósmico, ou seja, do modelo elaborado pela essência divina. Assim, no nosso entender o Símbolo é algo já engrenado na essência do homem. É uma espécie de herança divina que se expressa no presente, no passado e no futuro, agindo como fermento aglutinador das energias psíquicas conscientes e inconscientes e as conduz até a consciência, na qual será responsável por uma série de transformações estabelecendo um novo estado de coisas. O mundo na perspectiva da consciência é mostrado de duas formas: a direta e a indireta. Na forma direta a consciência apresenta a idéia de objeto perfeitamente definida na mente, ou seja, sua presença estabelece uma existência perfeita. É algo de substancial para mente. É como se existisse em "carne e osso" no terreno da ideação. Na forma indireta, não existe uma sensação ou percepção do objeto, ou seja, a mente não consegue ter uma definição da coisa, não existe uma forma para comparação e analogia.

Neste caso o objeto da questão necessita ser representado na inconsciência por meio de um modelo, o qual é constituído por uma imagem abstrata que não é revelada ao plano consciente, a não ser o seu reflexo: o *Símbolo*.

SIGNIFICAÇÃO SIMBÓLICA

Todo Símbolo possui duas partes: o significante e o significado. O que se chama de significante é parte visível do Símbolo, ou seja, ela se apresenta em "carne e osso", é palpável e objetiva. Já o que se chama de significado, é a parte invisível do Símbolo, portanto, inefável, ou seja, não pode ser nomeado categoricamente, mas sim evocado, sugerido, sentido, reportando a todo tipo de qualidades não figuráveis.

O significado do Símbolo transcende a ele mesmo, podendo estar direcionado para um sentido, porém pode conter vários outros. Sua flexibilidade permite que um significado leve ao esclarecimento de outros proporcionando ainda maior força de significação.

Todo Símbolo apresenta-se a nós como um "ser" a um tempo, imagem, conceito onde a característica é a de suportar uma realidade outra que ele mesmo. O Símbolo suporta o livre pensamento e, através dessa prática se prova a liberdade e encontra seu caráter dogmático. São manifestações de nossas verdades internas, ou seja, são projeções das verdades gravadas em nossa essência, as quais poderão refletir na nossa existência à medida que nossa inconsciência permitir uma transparência suficiente para tal.

O SÍMBOLO COMO TRANSFORMADOR

Como já foi dito, o Símbolo é uma imagem do arquétipo e, este tem como depositário o inconsciente coletivo. Assim, quando através do significante do Símbolo se entra em contato com os do inconsciente coletivo, capta-se a energia contida no arquétipo e se tem a revelação do significado. O arquétipo tem uma função transcendente que abre canais para nossa consciência promovendo vivências que estão além do limite do ego. Assim, o arquétipo é o elo de ligação onde se estabelece um fluxo constante de energia que flui do inconsciente personal e coletivo para a mente consciente.

As várias culturas que o homem constituiu, procuravam sempre lidar com essa forma misteriosa de energia que atua na consciência humana. A origem cósmica do arquétipo definiu nitidamente na mente do homem dois planos: o humano, profano e consciente, do divino, sagrado e inconsciente, bem como estabeleceu uma relação de contato entre ambos: *o SÍMBOLO*.

Apesar do homem atual dar pouca importância às coisas do espírito, bem como sua descrença proporcionada pelo materialismo crescente no seio da sociedade moderna, seu inconsciente exprime sempre a necessidade de encontrar algumas respostas, as quais só poderá obtê-las através da Iniciação religiosa. Tal conhecimento é de vital importância para o equilíbrio individual e da sociedade.

As religiões, bem como as escolas iniciáticas desenvolveram um processo técnico - o Ritual - que funciona como elemento de transformação psicológica, cujo objetivo primordial é de fazer a atualização desses arquétipos na inconsciência dos adeptos e Iniciados. Tal processo técnico se constituiu em todas as culturas por um sistema de simbolismo com base nas lendas, cuja característica é a de conter os valores espirituais para dar forma e sentido a suas vidas.

Tais lendas ao mesmo tempo que procuravam esclarecer ao homem o sentido de sua vida material, também regulavam hábitos e costumes estabelecendo um código moral. Isto é, estabelece um processo dinâmico de transformação no indivíduo o qual dirige-o para uma ação construtiva no seio da sociedade.

A sobrevivência de qualquer cultura depende do processo de reciclagem dos arquétipos. Sempre que o inconsciente simbólico de uma cultura for destruído ou desgastado, ocorrerá grandes consequências. Do ponto de vista antropológico podemos observar que várias culturas foram vítimas desse processo de desgaste.

Como se sabe, para se chegar a interação espiritual, antes porém se faz necessário um aprimoramento moral. Assim, o relaxamento no ensino e na prática do código moral, vai com o tempo desgastando a imagem arquétipa, ou seja, o ensinamento à medida que vai passando de geração para geração vai perdendo seu conteúdo energético e como consequência seu poder transformador. Desta forma, em um determinado ponto, tal cultura encontrar-se-á totalmente perdida, não mais conhecendo o sentido da vida, cairá em plena ignorância.

O DESGASTE SIMBÓLICO

A não reciclagem dos arquétipos produz na humanidade uma espécie de epidemia que se manifesta de duas formas: primeiro pela deficiência da função simbólica que promove um desequilíbrio no homem fazendo com que sua individualização se afunde pela dominação dos impulsos instintivos. Há uma espécie de involução cultural onde o efeito simbólico não mais movimenta a energia que os anima, assim, o indivíduo entra em isolamento, assumindo uma postura de desagregação.

A segunda forma é aquela em que o equilíbrio é rompido em favor da consciência clara. Como consequência ocorre a completa liquidação do Símbolo e o indivíduo passa a viver apenas razões do consciente social estabelecido.

Em todo esse processo o significante não tem mais significado transformador e o Símbolo, então, perde sua energia como uma lâmpada ao ser desligada, ou seja, o Símbolo se "apaga" transformando em Sinal consciente convencional. É como um ovo que já deu vida e agora só resta a casca vazia, ou seja, o Símbolo passa a ser apenas uma "casca de arquétipo". Nesse ponto o homem torna-se um escravo do coletivo, do preconceito e de toda forma de ignorância.

Os valores espirituais são os mais importantes na conduta do homem, pois, uma cultura por mais avançada que seja do ponto de vista tecnológico, não pode viver sem os valores espirituais, caso contrário terá sempre a desagregação e a involução cultural e moral onde a tradição não tem lugar; apenas os valores materiais, o estresse e a neurose das massas.

Em todas as culturas houve grande flutuação na função religiosa. A história das seitas religiosas testemunha que desde a formação do mundo o homem tem uma relação com o criador e, esta relação sempre sofreu desgaste pelo relaxamento do código moral. Assim, em vários pontos da história observou-se desgastes em sistemas religiosos que deram lugar a um outro que viria propor uma nova esperança, um novo ânimo para tal cultura.

O arquétipo se comporta como um "ser imortal", uma força que se desgasta quase completamente para ressurgir com todo vigor posteriormente dentro de um sistema, ou seja, ele desaparece e ressurge novamente de forma cíclica desde que não haja a perda da função simbólica pelo isolamento dessa cultura.

Assim, podemos imaginar o arquétipo como um sistema virtual, um centro de força invisível que pertence ao coletivo na forma inconsciente, sua energia organizadora de imagens depende diretamente do coletivo. O inconsciente fornece a forma arquétipa em si mesma vazia que para se tornar sensível para consciência, é preenchida pelo consciente com auxílio da representação - o Símbolo.

SEMIÓTICA: A CIÊNCIA DOS SÍMBOLOS

Quando se tenta explicar esse tipo de imagem da visão indireta onde o terreno é abstrato e se trabalha com a imaginação, não raramente se faz alguma confusão quanto a nomenclatura utilizada. Os termos usados normalmente nesse tipo de linguagem, sob o ponto de vista moderno pertencem a uma ciência chamada Semiótica e, são enquadrados na categoria os elementos: Símbolo; alegoria; emblema; signo; ícone e; Sinal, sendo que os três primeiros são os mais comumente utilizados de forma errada. Vejamos pois algumas diferenças: o termo Alegoria é de origem grega e seu significado é o de "falar e outra", ou seja, dizer de outra forma, onde a exposição do pensamento é feita no sentido figurado. Assim, o texto está dizendo uma coisa, enquanto o contexto demonstra outra. O termo Alegoria pode ser empregado de duas formas: Apólogo e Parábola. Apólogo é uma alegoria essencialmente moral onde na comunicação animais e coisas aparecem falando. A Parábola é uma narração onde o conjunto de elementos evoca outra realidade de ordem superior, onde normalmente se esconde alguma doutrina. O termo Emblema tem origem latina e significa ornamento. Normalmente encerra uma simples idéia estabelecida por convenção. O Símbolo tem origem no grego e significa Sinal de reconhecimento.

Para entender melhor sua conotação, reportaremos a origem do termo: na antiguidade o termo surgiu quando um rei quebrou um objeto e deu uma das partes para o seu embaixador, o qual iria viajar como espião a um outro país. Assim, ficou convencionado que quando este embaixador mandasse alguma mensagem por outra pessoa, esta deveria apresentar-se ao rei de posse do pedaço do objeto quebrado, o qual quando encaixado perfeitamente com o pedaço em poder do rei, daria garantia da autenticidade da mensagem. Desta forma a informação era identificada pelo objeto, ou seja, a idéia ou pensamento ficava de certa forma representada pelo objeto identificador. Esse objeto era chamado de "SUMBULON" e, sua parte material se comporta no caso como "significado" enquanto sua mensagem representa o "significante". Embora a palavra Símbolo represente a idéia de "união", bem como sua origem na história dá-lhe a conotação de um conjunto de idéias com um determinado objeto convencionado, o Símbolo surgiu na mente do homem muito antes de qualquer outro tipo de linguagem. Aliás, tudo leva-nos a crer que o simbolismo foi a primeira linguagem que o homem conheceu de fato, ou seja, a linguagem instintiva.

Dentro dessa ciência chamada Semiótica o elemento mais importante é sem dúvida o Símbolo. Vejamos por que! Se quisermos por exemplo designar qualidades morais, como as de "justiça e verdade" as quais pertencem a um terreno subjetivo, os signos a serem utilizados são mais complexos. A idéia de justiça pode ser encerrada dentro de alguma imagem que "pune e absolve" e, isto constitui uma "Alegoria". Se ela trouxer ainda as tábuas da lei ou uma espada ou ainda uma lança, tais elementos representariam "Emblemas". Caso queira dar-se ainda uma noção mais abrangente da justiça, poderia aí se encaixar uma narrativa de um fato judiciário, a isto chamaríamos de "Apólogo". Como pode-se observar, a Alegoria parte de uma idéia abstrata para resultar em uma figura, enquanto o Símbolo é exatamente o contrário. Ele é primeiramente em si figura e, como tal, fonte de idéias entre outras coisas.

A LINGUAGEM DO INCONSCIENTE

O Símbolo é a recondução do sensível, do figurado, é a expressão do indizível. Assim seu terreno de atuação é o inconsciente, o metafísico, o sobrenatural e o supra-real, o que o faz parecer representante de um sentido secreto, a imagem de um mistério. O Símbolo é de natureza centripta, ou seja, ele converge para si as idéias dos arquétipos. Sua natureza é ampla, sutil e complexa, encerra idéias dentro de idéias e de difícil definição. Sua ordem não está associada a matéria e sim a consciência, o que por extensão o faz de ordem espiritual.

O homem não cria os Símbolos, mas sim os recebe por uma projeção em sua mente pela ação reveladora em sua consciência. Aí está sua complexidade, ou seja, à medida que o ser humano vai adquirindo a "consciência do Eu" vão sendo-lhe revelados gradativamente os canais do espírito, os quais fazem sintonia com a consciência cósmica. Assim os arquétipos do homem advêm de um Arquétipo Central, ou seja, de uma fonte geral de todas as idéias do cosmo. Assim, o homem vai aprendendo os Símbolos na medida que toma "consciência do Eu" e, sua compreensão vai até onde sua mente mostrar as "chaves" para o intelecto. O Símbolo é bastante dinâmico e se movimenta no tempo e no espaço. Não é algo constante, pelo contrário, é algo extremamente variável. Pessoas diferentes chegam a revelações diferentes. A mesma pessoa tem diferentes revelações à medida que vai evoluindo seu interior. O Símbolo, apesar de cada vez mais complexo, ou seja, vai sempre revelando novas informações para quem os estuda. Foi a primeira coisa que o homem percebeu que o ligava a algo superior de natureza inefável.

OS QUATRO SENTIDOS DO SÍMBOLO

Segundo alguns estudiosos do assunto, o Símbolo pode ser visto ainda sob quatro sentidos diferentes: o sentido literal, o sentido alegórico, o sentido tropológico ou moral e, o sentido anagógico ou místico. A significação do sentido literal não requer maiores complicações, pois, ele significa aquilo que aparenta ser. O sentido alegórico também é facilmente perceptível. Já o sentido tropológico que significa "mudar a direção do discurso" requer um aperfeiçoamento moral para compreendê-lo. Por outro lado, o sentido anagógico que significa "elevar o espírito para as coisas do alto", requer além de um aperfeiçoamento moral uma expansão da consciência para despertar o místico.

A preocupação mais importante de quem estuda o simbolismo não deve ser somente aquela de procurar o sentido moral do Símbolo, mas sim aquela que visa o encontro de sua revelação mística, porque o Símbolo é essencialmente místico. Como já foi dito, ele é o meio pelo qual o inefável se comunica. Assim quando nossa consciência procura estabelecer uma relação apenas de conteúdo moral para o Símbolo, estamos de certo modo transformando-o em emblema. Como se sabe a moral não muda, é fixa e o Símbolo é dinâmico. Um objeto com um sentido moral é um emblema e, se for revelado algum sentido místico, passará a ser um Símbolo e, como tal, representa uma realidade indizível, ou seja, não pode ser conscientizada no seu todo.

O Símbolo jamais esgota seu conteúdo místico, caso contrário deixará de ser Símbolo. O Símbolo sempre será algo misterioso e transcendente à inconsciência, portanto sempre causará mudança no inconsciente. Ele é acima de tudo uma revelação, pois, representa uma linguagem de comunicação entre a essência e a existência do homem.

O Símbolo traz consigo um efeito psicológico muito importante, pois, toda vez que é apresentado ao homem de intelecto bem aguçado, este causa-lhe uma forte impressão na consciência, ou seja, mexe com sua essência. Daí o porquê de se ter a sensação de que sempre existe um segredo por trás do Símbolo. Existe um segredo sem dúvida, só que não no Símbolo, mas na essência do homem. O Símbolo é apenas o elemento catalizador que fará a conscientização no ego da verdade perdida na névoa essencial do homem.

SIMBOLISMO NA MAÇONARIA

E dentro da Maçonaria será que ainda existe simbolismo? Eis aí uma boa pergunta para algumas horas de meditação. Certamente, a resposta que iremos encontrar será a de que ele é praticamente inexistente ou se encontra a ponto de se apagar. Por quê? A resposta na realidade não se encontra dentro da Maçonaria em si, mas dentro de uma realidade já quase universal, ou seja, nossa imagem arquétipa está à beira de se apagar, tal como uma bateria elétrica que já prestou bons serviços e agora se encontra quase vencida pelo desgaste. Há muito não se realiza "simbolismo" na ordem, ao contrário se pratica um intenso "alegorismo". Assim cabe a pergunta: será nossa atual condição, a de sociedade iniciática? Haja vista que o processo iniciático como o próprio nome diz, do latim, "initium" que tem a mesma equivalência de "religar", ou seja, ligar o homem a Deus, não está na atualidade ensinando praticamente nada sobre isso. Do que se pode depreender a Iniciação que tem ensinamentos profundos, não recebe a devida atenção do ponto de vista de estudos e pesquisas por parte da ordem, bem como por outro lado, tem se motivado muito pouco esse tipo de ação.

O que se observa atualmente no que diz respeito ao Símbolo é que apenas o seu lado tropológico ainda brilha alguma luz, mas com pouca intensidade. Como se sabe a sociedade de um modo geral sofre grandes transformações em seus valores morais. Há que se notar que a lei moral é cada vez menos ensinada e cada um que a recebe tem ainda menos a dizer. Nesse ponto fazemos uma interrogação. Não será este um sintoma de que a imagem arquétipa da ordem está com suas energias em pleno desgaste? Não estamos de certa forma vendo o início daquilo que chamamos anteriormente de perda da função simbólica? A divisão da ordem em pequenas potências não são provas claras do efeito da segmentação e isolamento? Será que na Maçonaria ainda se tem conseguido influenciar a sociedade? Certamente as respostas a esses questionamentos estão na decadência cultural da sociedade atual. Não é somente o simbolismo maçônico que precisa ser reciclado, mas o simbolismo de toda sociedade em que vivemos. Como vimos toda cultura sofre flutuações em sua função religiosa e isto, reflete significativamente na ordem moral. No entanto temos assistido nas últimas décadas, uma espécie de aceleração no processo, ou seja, temos visto um relaxamento total no ensino moral e religioso, o qual atinge a cada dia proporções maiores. Tal fato tem proporcionado um processo de desequilíbrio simbólico abrupto no seio da sociedade, ou seja, a sociedade está doente, quase neurótica. Suas ações estão única e exclusivamente pelo consciente claro. O homem já está começando a perder o sentido de sua existência e inicia seus primeiros passos no labirinto da vida e, em seguida ficará totalmente perdido e, sem dúvida cairá escravo de toda forma de ignorância. Aqui cabe uma nova interrogação: há saída para o homem? Certamente que sim. O homem parou de evoluir em seu aspecto anatômico há mais de cinquenta mil anos e, a partir daí deu-se a evolução apenas sobre a consciência, porém não acreditamos que o criador tenha planejado um tempo tão pequeno assim.

É claro que não, pois, do contrário seria como um pintor que passou horas a fio diante de um quadro, dando-lhe vida e colorido para logo em seguida borrá-lo todo, admitindo-o como prova de sua incompetência. Não podemos conceber tal incompetência, na obra-prima pintada pela Consciência Cósmica. Com base nesta verdade, acreditamos que a Consciência Cósmica colocou dentro do homem as chaves para abrir todas as portas - a Inteligência. Esta, certamente, mostrará ao homem uma saída triunfal despertando nele a consciência mística, a qual o fará ver o mundo pela visão holística, onde todos os valores participam de uma forma global. Desta forma, a liquidação da função simbólica será interrompida, os arquétipos serão reciclados estabelecendo uma nova ordem das coisas. Até então qual será o papel da ordem? Sem dúvida, seguir à risca aquilo que determina seus rituais, pois eles são a fonte da sabedoria. Combater a ignorância e fazer imperar o aprimoramento moral deve ser sua meta. Desenvolver em seu meio líderes capazes de formar novas opiniões, e implantar novos conceitos. Arrastar para seu meio homem de ideais bem definidos, e com visão global sobre a ordem das coisas. Implantar um sistema motivacional capaz de imprimir uma ação constante e auto-sustentada que fará de seus membros verdadeiros Mestres que serão os futuros mentores de uma ordem realmente justa e perfeita na verdadeira acepção da palavra. Constituir uma condição psicológica cada vez mais direcionada no sentido de fazer borbulhar dentro de cada um a força total dos Símbolos do seu inconsciente. Fazer valer o conteúdo simbólico das colunas, ou seja, fazer valer a "FORÇA", mas não a força mecânica, ou do autoritarismo e, sim a força de vontade, a centelha cósmica capaz de fazer renascer dentro de cada um, o fogo criador, a sabedoria divina imprimida na essência do homem. Também fazer valer o verdadeiro sentido da "ESTABILIDADE", do equilíbrio dinâmico entre o material e o espiritual, entre o científico e o místico. Fazer valer, ainda, especialmente, que cada um de seus membros cumpra com seu dever de Maçom.

A Escada de Jacob

"O homem tem dentro de si o poder para transmutar a consciência"

No Painel da Loja de Aprendiz, um dos Símbolos de maior conotação com os objetivos e filosofia do Grau de Aprendiz é sem dúvida, a Escada de Jacob.

No simbolismo a escada está relacionada à evolução do Iniciado no plano cósmico, pois, ela segue o verdadeiro caminho na busca da perfeição interior. É o meio de ligação entre o homem e seu criador.

A escada é do ponto de vista natural um instrumento relacionado à elevação, onde por meio de um esforço se atinge o ponto mais alto, o qual se consegue pelo deslocamento de Grau em Grau. Apóia-se no chão para se chegar ao alto.

No simbolismo maçônico a conotação é basicamente a mesma. O apoio de base está na Terra, portanto na matéria, em seu estado mais grosseiro e, o apoio do alto está na estrela setenária, símbolo da perfeição. Isto significa acima de tudo um caminho, uma seita, cujo objetivo é o de levar o homem ao criador, onde se faz necessário uma série de etapas de perfeição ou planos de aprimoramento interior.

O sonho de Jacob ou sua clarividência mostrou-lhe algo que ele descreveu como uma figura de uma escada que ligava a Terra ao Céu e, por ela desciam e subiam anjos. O simbolismo da visão astral de Jacob traz outras intrepretações que passam ensinamentos sobre a cosmogênese e a evolução da consciência cósmica.

Se procurarmos analisar a palavra "anjo" vamos verificar certas semelhanças em algumas línguas. Anjo derivou da palavra latina Angelu, a qual derivou da grega Aggelos e que provavelmente tenha vindo do egípcio Ankh que é o Símbolo da energia cósmica, da vida eterna.

O ankh egípcio muito visualizado nos templos rosacruzes, tem um formato de um "T" com um círculo sobre a trave horizontal. Também é chamado de cruz ansada ou cruz alada. A palavra anjo, para nós, denota figuras humanas flutuantes pintadas por artistas cristãos, tais como os afrescos de Miguelangelo na capela Sistina. Os filósofos pagãos que criaram o cristianismo eram possuidores de conhecimentos esotéricos os quais se encontram infundidos nas lendas cristãs.

Alguns desses ensinamentos não teriam como ser ensinados ao homem comum em sua forma metafísica, razão pela qual o cristianismo utilizou-se das lendas que, até hoje, são ferramentas úteis para transferência de informações especialmente as de cunho moral e religioso. Se observarmos o Ankh egípcio vamos verificar que sua transformação na figura simbólica de Anjo, não é muito difícil e, certamente, a energia emanada do Grande Criador, transformou-se para o cristianismo em figura humana. O Anjo na tradição cristã, é considerado o mensageiro de Deus e executor de suas ordens. Diz ainda a tradição que o primeiro anjo emergido da luz da criação do Universo foi Lúcifer, como o próprio nome diz: saído da luz, o qual posteriormente se tornou o anjo Decaído ou anjo das trevas. Na constituição da lenda cristã havia necessidade de se criar o mal para justificar a prática do bem.

Nesse simbolismo vemos o Anjo Lúcifer, o saído da luz, como representante da substância sutil, da energia primordial, da centelha cósmica, que por vontade do criador se torna substância grosseira, ou matéria.

Entendemos que a descida do espírito na matéria não significa em absoluto que houve um espírito e uma matéria que se fundiram, mas sim que tal descida representa uma transformação da energia do espírito de Deus em sua manifestação, ou seja, a substância Única, primordial de universo "desce" de seu estado de extrema sutileza, por sucessivas etapas de densificação até se constituir em matéria grosseira e, depois, "ascende", passando por vários planos até chegar a seu ponto de origem. Isto nada mais é do que a cosmogênese se manifestando.

A condensação de matéria em energia e vice-versa é um processo de reciclagem. A escada de Jacob representa essa reciclagem. É o Símbolo do universo em evolução e suas várias etapas onde a consciência cósmica, a vida eterna, se perde na matéria para se auto-reciclar. A escada apontada para o alto significa o caminho de volta que leva a reintegração com o Todo. O que Jacob descreveu em seu sonho ou visão astral foi exatamente esse processo cósmico de reciclagem da consciência cósmica, onde para cada ciclo há uma expansão maior dessa consciência dentro de um ritmo infinito, o ritmo da criação.

O processo de Iniciação nada mais é do que uma alegoria que dramatiza o ritmo da criação, pois, o ato iniciatório denota o processo evolutivo do homem do ponto de vista material; emocional e; espiritual. A simbologia arcaica desse ato visa um despojamento do comum, ou seja, faz com que a consciência "desça" até a suas formas mais grosseiras, isto é, um mergulho nas águas barrentas das paixões, onde o homem encontra-se consigo mesmo, no mais profundo das trevas da inconsciência, inicie um processo de reciclagem de seus arquétipos e, posteriormente "ascende" renascendo para a luz. A Iniciação é o fortalecimento do homem interior. É a recondução dele no caminho da virtude o qual lhe proporciona um diferencial inexprimível. A cada passo, há um despertar maior da consciência. A escada representa essa recondução, proporcionando a direção correta que leva o homem que "ascende" de seu Eu inferior para busca do seu Eu superior. Representa o despertar da consciência cósmica, que após ter sido perdida na matéria, acorda fortalecida pela experiência adquirida no sono profundo da materialidade.

Entre os antigos egípcios havia o conceito de Iniciação como sendo um estado de morte, pois, viam a morte como ponto de partida, como o início para uma outra vida, para a qual era necessário preparação especial que iria ensinar o discípulo a trilhar o caminho para o qual iria sozinho. A Iniciação maçônica parece ter herdado a mesma conotação, pois, dramatiza entre outras coisas a morte do Iniciado, que na verdade está apresentando e representando o Símbolo da morte da consciência comum, para fazer renascer uma nova consciência, iluminada pela reciclagem de seus Símbolos, agora reconduzida para a individuação. As três viagens da Iniciação representam a ascensão do Eu inferior reciclado, onde o processo se faz por três planos: o material para primeira viagem, que representa a saída do homem do mundo inferior das paixões, a saída do mundo confuso e obscuro do inconsciente. O plano emocional para segunda viagem, onde o caminho é mais ameno, já está direcionado, pois, não existe mais o labirinto do inconsciente, a carga pesada das asperezas materiais já ficou para trás, o Iniciado não está mais perdido, conhece seu caminho. Ele está no Umbral, na linha intermediária do inconsciente para o consciente. O terceiro plano, o mental, representando a terceira viagem é o caminho final para se conhecer a luz e, é nesse caminho que se perde as últimas asperezas. A inteligência é sua ferramenta final. O Iniciado sai de seu estado pré- consciente para tornar consciente, renovado. Daí para frente seu único Mestre será sua inteligência, a qual o guiará na sua busca constante e o induzirá a vivenciar permanentemente a Iniciação, pois, só assim ele conseguirá chegar perto do topo da escada.

A escada de Jacob, representa o caminho das trevas para luz. Nessa concepção temos a base de todas as religiões, cujo processo está embasado no fato de que o homem deve se refazer de sua vida de paixões para conseguir a bem-aventurança.

A virtude deve sobrepor aos vícios para se conseguir a recompensa final. O homem tem dentro de si próprio a luz e as trevas, o bem e o mal o poder da criação e da destruição. Ele tem dentro de si o poder de transmutar, ou seja, de transformar uma coisa em outra. Dentro do homem está o poder para transmutar a consciência.

Tudo no universo segue um princípio vibratório, proveniente do ritmo da criação. A luz é uma vibração. Segundo o pensamento de Einstein que contribuiu para estabelecer a física quântica, a luz é a vibração de uma partícula de matéria a qual chamou de fóton. Tomando isso como base, pode-se dizer que a matéria manifestada é a escuridão do espírito, ou seja, a matéria do ponto de vista esotérico, representa a substância única em um estado vibratório inferior, estado este que é temporário, porque a luz é superior às trevas, haja vista que não existe treva capaz de apagar a luz mas, por outro lado a luz ilumina as trevas. Não existe um estágio permanente de matéria, pois, se assim fosse não existiria o processo de retorno. A passagem pela matéria é uma fração de segundos na vida do espírito. Temos na escada de Jacob o princípio da polaridade. No seu topo, uma infinita vibração - a luz da estrela setenária, Símbolo da perfeição e da vida eterna. Na sua base, uma infinitésima vibração - a escuridão da matéria. "Tudo que está em cima é igual ao que está embaixo", apenas a vibração tem um ritmo diferente. O Eu superior é igual ao Eu inferior, apenas a vibração é diferente. Entre um e outro existe um crescente vibratório, em uma afinação maior dentro da escala de perfeição. Na escada de Jacob temos em seu início o Eu inferior e no seu topo o Eu superior. A Iniciação é o caminho de saída do "Eu" de seu estado inferior para um estado de maior perfeição. O Eu inferior sai de um estado de diversificação para trilhar o caminho da individuação, ou seja, ao encontro do Eu Sou.

O processo mostra ao Iniciado que o homem interno deve ter supremacia sobre o homem externo, assim como o espírito é a extremidade superior da matéria.

A escada de Jacob é um Símbolo esotérico autêntico, pois, temos relato de algo que vem confirmar tal fato: a visão de Hermes Trismegisto. Diz a lenda: "Osires chamou Hermes e disse-lhe: "Ergue teus olhos e vê"! Então, Hermes viu uma cena fantástica. Se viu envolvido por sete esferas, que rapidamente com sua sabedoria as identificou como sendo os sete Céus, dispostos em camadas sobre sua cabeça como sete globos transparentes e concêntricos. Distinguiu, ainda, que cada uma das esferas era presidida por um anjo, os sete raios do verbo-luz.

O anjo da Lua presidia os nascimentos e mortes. O anjo de Mercúrio mostra o caminho às almas ascendentes e descendentes. O anjo de Vênus segura o espelho do amor, em que as almas se esquecem e se reconhecem. O anjo do Sol ergue o candelabro triunfal da beleza. O anjo de Marte brande o gládio da justiça. O anjo de Júpiter segura o cetro do poder da inteligência divina. O anjo de Saturno carrega o globo da sabedoria universal. Na visão de Hermes se percebe os sete planos de aperfeiçoamento, representados pelas esferas transparentes uma dentro da outra. Na esfera de Mercúrio aparece o anjo que mostra o caminho às almas ascendentes e descendentes. O caminho mostrado pelo anjo de Mercúrio às almas que sobem e descem, é na realidade a mesma alegoria do sonho de Jacob, representada no Painel da Loja de Aprendiz como uma escada. Na visão de Hermes o caminho de subida até o plano da sabedoria universal, passa por vários outros planos. Como se sabe, a lenda sobre Hermes antecede em muito o cristianismo, doutrina que utilizou tudo do conhecimento esotérico, para elaboração de suas lendas.

Assim, muito que temos hoje conhecido como propriedade do conhecimento cristão, na verdade são heranças de escolas iniciáticas muito antigas.

O homem foi criado à imagem e semelhança de seu criador segundo nos informa o livro sagrado. Este fato por si só já faz do homem um ser especial, um Deus, com o poder da criação e destruição, ou seja, com o poder da transformação. Assim, temos no homem um ser justo e perfeito, ao contrário de inúmeras opiniões. Tendo isso como base podemos dizer que o homem não necessita de evolução, pois, ele já é perfeito e justo. Assim em que se baseia a evolução de que tanto falamos? Para responder a essa questão temos que intrepretar melhor a visão de Hermes da qual já falamos.

O espírito do homem passa por uma série de estágios até a sua densificação completa. Na visão de Hermes, o espírito do homem antes de entrar no processo de densificação é apresentado ao espelho de Vênus, que segundo simbolismo esotérico, é nele que o espírito se reconhece e se esquece. Assim, ao se olhar para ele o espírito perde sua identidade para posteriormente descer para o plano da materialidade. Desta forma, o espírito em sua fase material não tem lembranças de que é perfeito.

A evolução da qual falamos no ser humano é uma viagem da consciência pelo caminho da recordação onde ele olha para dentro de si mesmo e se reconhece no espelho de Vênus, pois, cada qual tem perdido dentro de si a imagem virtual de sua identidade cósmica e, somente o olhar interior é que poderá gradativamente fazê-la tomar forma e revelar o ser verdadeiro dentro de cada um. A evolução está exatamente no autoconhecimento do homem, no conhecimento vertical onde o "Eu" sai de seu plano inferior, diversificado, para uma viagem na busca do seu "Eu" superior. O encontro do "Eu Sou" nada mais é do que o reconhecimento da identidade do espírito, isto é, a verdadeira individuação.

A viagem da consciência é um processo onde a velocidade depende exclusivamente do próprio homem.

Ela é abreviada pela razão direta em que ele consiga reunir os seus "EU's". Ao longo da vida pode-se diversificar ou individualizar.

A diversificação representa o não-crescimento, a divagação no labirinto da consciência. Significa o apego às coisas fixas em mundo transitório. A cada novo "Eu" ocorre uma frustração e mais um sofrimento, pois, o homem busca em cada "Eu" a sua individualidade e, como não a encontra acontece o sofrimento. A evolução ocorre na medida em que os vários "EU's" vão se fundindo e tornando-se um corpo maior, mais consistente, e mais abrangente dentro da própria consciência. Este processo é o retorno para o caminho do reconhecimento e para e para individuação.

O espírito do homem é um ente sem identidade no estágio material. Sua evolução é a redescoberta, o conhecimento pleno de suas verdades, do seu segredo interno. A palavra perdida é o verbo na escuridão da matéria. É a magia da transformação esquecida.

O homem material é o veículo da consciência na busca de sua verdadeira identidade. O caminho proporciona o Aprendizado, porém a decisão de aprender a trilhar por esse caminho só dele depende. A natureza deu ao homem a opção de escolha: a dualidade. Apenas o plano material é dual. Ao homem é dado a chance de evoluir ou não. A consciência do Bem e do Mal está estabelecida nesse plano. O Mal representa o apego à matéria, o que inviabiliza a possibilidade do reconhecimento da identidade do espírito. O Bem representa a saída, o desapego das paixões materiais o que por si só reconduz ao caminho da individuação.

A escada de Jacob representa a viagem de volta para o reconhecimento. O caminho que leva ao encontro com o espelho da vida, onde a verdade única e absoluta é revelada. A cada ciclo do espírito, há um crescente conhecimento de sua própria natureza. O espírito se autoreconhece à medida que se estabelece e passa por diferentes planos de vibração e, o homem é um desses planos. Porém, ao homem cabe decidir sobre seu caminho; somente ele pode abreviar e direcionar sua jornada no plano evolutivo.

Simbolismo das Colunas

"O espírito do homem
é um ente sem identidade
no estágio material"

O presente trabalho tenta mostrar que muitos dos conceitos que temos a respeito das alegorias maçônicas, especialmente as colunas, são na grande maioria das vezes, o resultado de pura e simples especulação. Aliás cabe aqui destacar que se um suposto Símbolo convergir para um único ponto interpretativo, ou seja, denotando apenas uma idéia, estará muito longe de ser um Símbolo e passará a ser apenas uma alegoria. O Símbolo suscita uma gama muito grande de interpretações.

O simbolismo deve propor para cada ponto de vista novos significados. Assim sendo poderá conter várias correntes de pensamentos. O significado de um Símbolo representa uma verdade e, seu contexto se amplia na mesma proporção da capacidade intelectiva de quem o estuda. Um mesmo Símbolo suscita no mesmo indivíduo, diferentes interpretações à medida que este evolui e desenvolve sua capacidade analítica.

Dentro da Maçonaria, no que se refere ao Símbolo, nada é essencialmente, ou seja, cada qual busca o seu próprio Símbolo, sua própria verdade interior que tem como reflexo o Símbolo. Esse exercício de busca dentro de si mesmo que é o grande segredo, o qual levará o Maçom a confrontar a sua verdadeira essência.

É muito provável que entre os nossos Símbolos, muitos não apresentam significado concreto ou até significado algum dentro de nosso estágio atual de desenvolvimento psíquico. Alguns Símbolos muito antigos que para algumas gerações ou até civilizações tenham sido apenas objetos de adornos, para outras, no entanto, esteve velando uma senda.

Porém, na mente aguçada do estudioso suscita uma energia que vai além do nosso consciente e busca no fundo arcaico de nossa inconsciência algum significado. O homem carrega dentro de si próprio todas as chaves que podem abrir uma gama muito grande de caminhos que podem levar a uma forma de verdade relativa ou temporária, pois, a verdade absoluta é como um poço sem fundo onde aquele que o está descendo sempre tem a sensação que se está chegando ao fundo, porém este nunca chega e, a cada passo que se dá a relação fim continua inalterada. Assim, por mais fundo que possamos ir, não seremos os detentores da verdade absoluta e, por mais ampla que seja esta nossa verdade ela será apenas relativa.

A Maçonaria que conhecemos é uma Maçonaria modernizada, constituída a partir do manifesto de Anderson, onde a ordem passou de operativa para especulativa. Assim certamente a ordem que conhecemos na atualidade pode não ter muito a ver com sua constituição antiga, onde o conhecimento esotérico era elemento significante. Muito possivelmente a entrada dos chamados aceitos na ordem foi a responsável pelo rompimento para com a tradição, pois, acreditamos que o movimento renascentista, bem como o florescimento da concepção mecanicista de René Descartes tenham sido os responsáveis pela mudança do espírito maçônico da época, cujos reflexos sentimos até hoje.

Como se sabe as ciências antigas tais como a matemática e geometria eram essencialmente conhecimento esotérico, onde a relação de números e formas e instrumentos exprimiam grandes verdades, muitas ainda hoje desconhecidas pelo homem comum. As remanescências desses conhecimentos, hoje, de certa forma, não passam de pano de fundo, que ainda atuam como elementos de ação psicológica funcionando como aglutinantes ou pontos de veneração. Mas o que mais impressiona em uma Loja, na realidade são as colunas do pórtico, as quais recebem este nome porque anteriormente eram localizadas em ambos os lados da porta de entrada de muitos Templos, bem como nas Lojas maçônicas.

A majestade das colunas impressiona não só pela forma arquitetônica mas pelo seu caráter de elemento simbólico. É um dos Símbolos que guarda uma importância histórica sem a menor dúvida, pois, o vemos registrado em livros famosos como a bíblia, alcorão e outros. Sua presença é infalível nos Templos dos mais variados cultos da antiguidade.

As colunas do pórtico têm raízes muito profundas dentro da tradição e, tudo leva a crer que estão relacionadas ao Símbolo do processo evolutivo da consciência. Seu uso, provavelmente, vem de heranças passadas de outros cultos iniciáticos, dos quais descende a Maçonaria. O que se conhece é que entre quase todos os cultos antigos encontramos esse elo de ligação: as colunas. A base de todos os cultos iniciáticos é o aperfeiçoamento do homem tornando um instrumento a serviço do Bem, pois, só assim se pode conseguir uma ligação do plano humano, profano e consciente com o plano divino, sagrado e inconsciente. As colunas parecem simbolizar esta ligação do homem com Deus ou o próprio Deus em suas múltiplas manifestações.

Como se sabe a representação da manifestação de Deus em

forma de colunas é muito antiga. A cultura Vedanta é um exemplo. Diz a lenda: " Vishnu, alma e vida do universo, o de mil olhos, onisciente, estava inclinado no seu leito, o corpo da enorme serpente Ananta, o tempo sem fim, jazia enroscada sobre as águas do espaço, porque era a noite da existência. Então Brahmâ, o grande criador do mundo da existência, chamado Sat, chegou-se a Vishnu e disse-lhe: "Quem és"? E, entre ambos, suscitou um debate a respeito de quem era o maior. No auge do debate, apareceu diante deles uma grande coluna de fogo e luz incomparável e indescritível. Atônitos os dois se dispuseram a encontrar suas extremidades. Vishnu procurou para baixo durante mil anos e não encontrou sua base. Brahmâ procurou para cima durante mil anos e também não encontrou seu capitel.

Diante da inconformidade de ambos, apareceu Shiva e disse-lhes que eles dois eram apenas "Um" contido nele, seu Senhor, a coluna de luz, que era três em um; e que, em futura idade, Brahmâ nasceria de Vishnu e que Vishnu o criaria, até que no fim da idade ambos voltariam a ver o seu Senhor. Um outro exemplo está relacionado com as colunas de nuvem e fogo que contribuíram favoravelmente com o fuga do povo hebreu do Egito. Como se sabe, a bíblia menciona duas colunas em tal acontecimento. A coluna de nuvem e a coluna de fogo. A primeira que protegia os hebreus escondendo-os dos guerreiros egípcios durante o dia e a segunda que os iluminava durante a noite.

É importante aqui frisar que a palavra coluna nessa situação específica pode não estar significando a forma arquitetônica, mas sim estar simbolizando alguma espécie de fenômeno. Os povos antigos acreditavam que os cataclismas eram o resultado da fúria de Deus, e como tal acontecimento favoreceu o povo hebreu, a construção de tais colunas entre esse povo pode ser uma alusão a tal acontecimento.

As colunas de Salomão receberam os nomes de JAKIM e BOAZ. O porquê de terem recebido tais nomes e seus significados, também dão margem a muita especulação. Pelo que se tem conhecimento os povos do Oriente Médio tinham como costume dar nomes a objetos considerados sagrados. Os babilônios já cultivavam o hábito de dar nomes sagrados a certos edifícios. Os nomes Jakim e Boaz, curiosamente, mostram diferentes traduções. Na tradução grega da bíblia esses nomes aparecem como: "Firmeza "e "Força".

Na bíblia de Genebra usada até o século XVIII, traz Jakim como: "Firmar" e Boaz como: "Em Força". Segundo o Léxico de Maçonaria de Mackey a palavra Jakim deriva de "JAH" que significa JEOVÁ,

"Akim" significa "Firmar" o que vale dizer: "Deus Firmará Sua Casa de Israel". A palavra Boaz, da mesma forma se compõe de "B" (beta) que significa "Em" e de "Oaz" que significa "Força", dando todo o significado de: "Em Força Será Ela Firmada".

Já a enciclopédia judaica traduz: "ELE FIRMARÁ" para Jakim e "NELE ESTÁ A FORÇA" para Boaz.

Em outras culturas a conotação parece também ser a mesma. Na sociedade chinesa do Céu e da Terra aparece uma coluna com uma palavra cuja pronúncia em mandarim tem o som de "KEH" e seu significado é "Confirmar Com Firmeza".

No Egito, todos os Templos tinham à sua entrada duas colunas, uma chamada de "TATT" e a outra de "TATTU" que em egípcio significam: "Em Força" e "Confirmar". Tais coincidências de significados vêm mais uma vez confirmar a teoria de que os cultos iniciáticos têm uma única raiz inicial da qual derivaram outros cultos que foram com o passar do tempo se adaptando nas várias culturas e línguas, porém sem perder o seu significado primordial de ligar o homem com Deus via aperfeiçoamento da consciência.

A Maçonaria como outros cultos, adotou as colunas e fez isso em duas oportunidades, pois, foi somente após o manuscrito de Anderson que a Maçonaria fala em colunas de Salomão, porque antes disso só se falava nas colunas antidiluvianas ou colunas de Enoque. As colunas de Enoque tinham como objetivo preservar os conhecimentos do passado, os quais não poderiam ser destruídos nem pelo fogo nem pela água, pois, segundo consta, nelas estava gravada a totalidade das sete artes liberais. Sobre esse aspecto cabe outra conotação com as colunas ocas que falam os antigos Rituais, onde o objetivo de sua construção oca era o de guardar instrumentos e livros. Baseado no ponto de vista que as colunas eram arquivos de conhecimentos, podemos sugerir mais uma interpretação para o nome Boaz, diferente de denotação de FORÇA, pois, a palavra força pode assumir um outro sentido, que não o de poder ou autoridade, e sim o de "Habilidade, Destreza e Influência, o que se resume em "Sabedoria".

Com base nesse ponto de vista podemos arriscar a seguinte tradução para os nome Jakim e Boaz: "Deus Firmou seu Templo e Religião Apoiado na Sabedoria".

Cabe aqui lembrar que Salomão era um homem de grande sabedoria e dirigiu habilmente seu povo. Como relata a bíblia o Deus de Salomão lhe ofereceu riquezas e este inteligentemente lhe pediu sabedoria a qual lhe foi dado. Assim as colunas podem também representar o portal da sabedoria, ou seja, um marco alusivo ao recebimento da luz. Como se supõe, Salomão recebeu a verdadeira luz, pois, sua sabedoria veio diretamente de seu Deus, o que se deduz que ele tenha recebido a Iniciação.

As colunas possuem um significado místico e moral, são elementos de sustentação, firmam na terra e apóiam no ar. Assim nelas podemos ver um Símbolo onde está implícita a sustentação de uma doutrina. Vejamos! Os nomes se traduzem por FORÇA E APOIO e a tradição diz que em conjunto querem dizer: DEUS ESTABELECEU NA FORÇA SEU TEMPLO E RELIGIÃO DA QUAL ELE É O CENTRO. Se usarmos o simbolismo poderemos traduzir esta afirmação da seguinte forma: **Deus estabeleceu na força**, por: DEUS APRESENTOU-SE COMO ENERGIA VITAL; **Seu Templo**, por: NO CORPO DO HOMEM; **e Religião**, por: NAS SETE IGREJAS DE APERFEIÇOAMENTO; **Da qual Ele é o centro**, por: PARA VOLTAR A SI MESMO.

Isto quer dizer que a Essência Cósmica estabeleceu seu poder de organização sobre a matéria e infundiu nela parte de sua consciência, a qual no corpo do homem estabelece um tempo para aperfeiçoamento e posteriormente retornar novamente para o seio da Consciência Cósmica. Assim, somos parte da Consciência de Deus, temos Deus vivo dentro de nós.

As colunas simbolizam a ligação do homem com Deus. É o Símbolo do intercâmbio entre a consciência divina e a essência do homem. É o portal pelo qual o espírito retorna à divina fonte.

O homem é a fortaleza do espírito no seu plano terrestre, porque nessa dimensão o espírito "sem desenvolvimento", ou seja, sem a experiência do plano terrestre, necessita de um "casulo" para contê-lo. Assim o criador organizou a matéria criando o corpo do homem (elemento adâmico) para estabilização da força contida no espírito.

Desta forma, o espírito contido durante um determinado tempo "aprenderia" a dominar sua força, ganharia equilíbrio a ponto até, nessa mesma dimensão, de poder independer do corpo.

A energia do espírito equilibrada e estabilizada consegue fluir livremente pelas sete igrejas ou "chakras" atingindo o estado de JINAS. A descida do espírito na matéria é um processo pelo qual a Consciência Cósmica se recicla em suas múltiplas manifestações, para posteriormente se ligar ao Todo.

As colunas são ainda as duas testemunhas do apocalipse. A cobra branca e a cobra preta do caduceu de Mercúrio. As cores originais das colunas eram uma branca e outra preta, Símbolo dos opostos, da dualidade e do desenvolvimento. Representam a síntese do processo evolutivo da "essência do homem".

Como todo sentido místico traz implícito o sentido moral, na Loja as colunas representam, ainda, o portal de entrada, onde se chega do mundo profano, da vida comum sem equilíbrio para encontrar uma vida superior. Representa a saída do homem do mundo inferior das paixões. Significa o trabalho do homem para vencer suas emoções e "ESTABILIZAR" dentro de si sua própria força, suas paixões e, com isso ganhar Equilíbrio, pois, só assim se chega à Sabedoria.

Sinal de Ordem

"Escreve um livro o que estais vendo
e envia-o às sete igrejas"

Após a composição da Loja, para se dar ínicio ao Ritual de abertura, faz necessário verificar se o Templo está acoberto da curiosidade profana, bem como se todos os presentes são Maçons. Assim, a Loja é chamada "a ordem" e todos, em Sinal de respeito, adotam uma postura, a qual é chamada de Sinal de ordem. Embora para os menos avisados ou aos que ainda não conhecem a cultura maçônica, poderão pensar que a realização desse signo é puramente um gesto de identificação convencionado pelo grupo em questão. Desta forma, não tendo conhecimento do seu verdadeiro significado e não se compondo corretamente, como determina o Ritual, acabam por deixar de usufruir dos benefícios proporcionados pela energia por ele captada.

O Sinal de ordem na Maçonaria, em qualquer Grau que se esteja trabalhando, representa, em princípio, uma saudação ao grande arquiteto e à coluna da sabedoria. Além disso, tem um significado esotérico que deve ser melhor conhecido, pois, os sinais adotados não foram, como muitos imaginam, convencionados para reconhecimento. São oriundos de práticas esotéricas muito antigas.

Para os estudiosos do ocultismo oriental, o corpo humano possui sete principais centros de força ou vórtices, chamados, em sânscrito, de Chakras. Esses vórtices são centros receptores da energia astral. O homem possui sete Chakras principais os quais estão inter-relacionados por canais energéticos. Segundo o ocultismo oriental, o desenvolvimento desses centros traz enormes poderes.

OS CENTROS ENERGÉTICOS

Tais centros, se encontram em extrema vibração absorvendo e emitindo energia. Quando se fala em evolução vertical do homem, Símbolo representado na escada de Jacob, estamos falando, também, da evolução do conhecimento interno. Este desenvolvimento vertical está relacionado, também, à subida da energia depositada em um dos Chakras - o basal ou sacro. Essa energia é simbolizada pelos hindus por uma cobra enrodilhada que representa a sabedoria interna, o segredo do homem.

A subida da serpente Kundaline está relacionada ao desenvolvimento dos centros de energia colocados no corpo etéreo do homem. Os hindus diziam que era necessário abrir os vórtices para torná-los efetivos. Para tanto, seria preciso um longo período de exercício meditativo, técnicas ioge e um aprimoramento moral. Vários métodos eram empregados para se obter o desenvolvimento psíquico desejado e, tais métodos, se iniciavam pela abertura de um ou de outro centro de força. As seitas esotéricas do Egito empregavam métodos de desenvolvimento que estabeleciam posturas meditativas que muito lembram as posturas adotadas nos Sinais de ordem da Maçonaria. Tais semelhanças vão mais além, apresentam também a mesma sequência de Graus.

Os iniciados nos mistérios egípcios tinham como primeira meta o desenvolvimento dos chakras, cuja correspondência indicam posturas semelhantes aos do Grau de Aprendiz, Companheiro e Mestre.

O método de desenvolvimento parece estar ligado à recondução da energia pelos centros energéticos das mãos. Assim, a sobreposição desses centros do corpo com as mãos, seguido por uma emissão de mantra apropriado promove o desenvolvimento desses centros.

Tomando como base essa prática muito antiga, fica bastante claro que os gestos de ordem na Maçonaria, além de denotar o Grau de desenvolvimento dos trabalhos, também, podem estar ligados a técnicas de desenvolvimento dos chakras, pois, as semelhanças sugerem tal condição.

AS RAÍZES DO MÉTODO

A existência desse método tem raízes bíblicas, pois, temos relato dele no apocalipse. Como se tem conhecimento, o apóstolo João foi fundador da chamada igreja gnóstica, a qual tinha como membros pessoas especiais para as quais eram revelados certos conhecimentos que não eram de domínio público. A chamada doutrina de São João, espalhou-se por vários países, deixando seguidores pela China, Pérsia, Mongólia, Tibet e Índia. Na Índia, em particular, sua influência foi bastante grande, pois, sua prática é bastante sedimentada no budismo e no bramanismo.

A doutrina de João e o Bhagavad Gita, apresentam uma semelhança considerável.

O que podemos denotar é que existe uma estreita relação entre a doutrina maçônica e a doutrina de São João. Este aspecto está bastante presente tanto nos objetivos quanto nos Rituais. Daí, talvez o motivo da utilização nas corporações antigas da Maçonaria o evangelho de São João no lugar onde, hoje, fica o livro da lei.

Dos Rituais, o ponto que nos interessa de momento, diz respeito ao uso dos sinais de ordem. Os primeiros capítulos do apocalipse segundo São João, falam de uma doutrina, a qual recebeu diretamente de um anjo.

Em uma análise mais detalhada verifica-se que tal doutrina que o apóstolo menciona, trata-se de um método de desenvolvimento dos chakras para despertar a Kundaline, a serpente (sabedoria) que ascende pelos nadis espinhais.

O relato bíblico descreve uma visão recebida pelo apóstolo quando estava na ilha de Patmos em retiro espiritual. Diz o relato:

> *"Eu, João, Irmão vosso e Companheiro de aflição no reino e na perseverança em Jesus, estava na ilha de Patmos, por causa da palavra de Deus e do testemunho de Jesus. No dia do senhor fui arrebatado em espírito e ouvi por detrás de mim uma voz forte que chamava: Escreve um livro o que estais vendo e envia-o às sete igrejas: Éfeso, Smirna, Pérgamo, Tiátira, Sardes, Filadélfia e Leodicéia".*
>
> *Apocalipse. Cap. 1, ver. 9.*

Na análise dessa descrição, de início, encontramos o sentido de irmandade e companheirismo. Companheiro como sabemos, significa aquele que divide o mesmo pão que, em outro contexto, pode significar: aquele que participa da mesma atividade, que persiste junto em um mesmo objetivo, da mesma doutrina, no caso, a de Jesus.

> *"Estava na ilha de Patmos, por causa da palavra de Deus e do testemunho de Jesus"*

Com esta frase, o apóstolo João deixa bem claro a existência de uma doutrina a qual era professada por Jesus, no seu retiro espiritual na ilha de Patmos.

> *"No dia do senhor fui arrebatado em espírito e ouvi por detrás de mim uma voz que chamava"*

No dia do senhor quer dizer que o fato ocorreu no domingo, que no paganismo era chamado de dia do sol, o Símbolo do criador da vida. Quando o apóstolo diz que foi arrebatado em espírito, está provavelmente dizendo que estava em trabalho de meditação profunda quando atingiu o êxtase total, nesse estado, ouviu por detrás uma voz forte. A voz por detrás nesse estado de meditação, pode estar significando que ele conseguiu ouvir a voz interior, a voz de seu espírito. O apóstolo em meditação ouviu a voz do Eu Superior.

> *"Escreve um livro o que estais vendo e envia-o às sete igrejas"*

A voz de seu interior, dizia que o Mestre deveria propagar as descobertas de sua meditação. Significa que o Mestre chegou ao método de ativação dos sete centros de energia, os chakras, para despertar a serpente da sabedoria.

O apóstolo João fala, ainda, de sete mensagens que o anjo pronunciou, as quais em uma análise, pode-se deduzir como sendo os estados de evolução conseguidos pelo despertar de cada centro de energia. Dessas mensagens, três, as enviadas às igrejas de Sardes, Tiátira e Pérgamo, apresentam uma perfeita relação com a filosofia dos Graus maçônicos, bem como o processo apresenta semelhanças nos sinais e seus locais de aplicação. As mensagens, na realidade, não representam toda doutrina secreta de João mas, de certa forma, sintetiza e confirma sua existência, cujo efeito se faz sentir, ainda hoje, nas seitas iniciáticas que, de certa forma, continuam mantendo vivos alguns de seus ensinamentos.

Para poder dar uma idéia da existência desse ensinamento, vamos analisar três das mensagens que apresentam uma relação com os Graus de desenvolvimento da Maçonaria e, em especial, com os sinais de ordem.

A mensagem dirigida à igreja de Sardes diz:

> *"Ao anjo da igreja de Sardes escreve: isto diz aquele que tem os sete espíritos de Deus e as sete estrelas: conheço tuas obras, teu nome, diz que viveis e no entanto, estás morto. Acorda e fortalece o resto que está para morrer! Pois, não achei perfeitas tuas obras. Lembra-te do que recebeste e ouviste; guarda-o e entra em ti, se não estiverdes alerta, virei como um ladrão e não saberás a que hora te surpreenderei. Entretanto, tereis em Sardes algumas pessoas que não mancharam suas vestes; essa irão comigo em vestes alvas. O vencedor será vestido em vestes alvas; nem jamais apagarei seu nome diante do pai e seus anjos."*
>
> *Apocalipse. Cap. 3, ver. 1 a 5*

Analisando esta mensagem que segundo o anjo deveria ser dirigida à quinta igreja, a de Sardes, fica bastante claro que ela representa a mensagem do quinto centro de força do corpo etéreo, chamado pelo mundo ocidental de chakra laríngeo, também o quinto degrau da escada para o atingimento da estrela setenária. Segundo a filosofia oriental, este chakra corresponde ao centro energético das forças da palavra e da intuição. O despertar desse centro, desperta e fortalece o que está para morrer. Representa o despertar da consciência para o plano superior. Quando o anjo diz que não achou perfeita suas obras diante de Deus, significa que não há evolução da consciência, enquanto o homem estiver ligado à paixão material, ou seja no mundo exterior.

A evolução só ocorre à medida que o homem se desloca verticalmente o seu "Eu" da porção inferior para a superior, da menor vibração para a maior vibração. Na frase que diz: "Lembra-te do que recebeste e ouviste e guarda-o e entra em ti", fica implícito que quando de posse do ensinamento, o homem deve praticá-lo e permanecer vigilante para não desviar de seus objetivos. Deve permanecer fiel à sua prática para conseguir cada vez mais conhecer o seu interior, o seu verdadeiro "Eu", o Eu Sou. "Se não renunciar te apanharei de surpresa", significa que o iniciado nos mistérios deve estar vigilante, atento para não se desviar, caso contrário, quando receber o chamado para prestar contas de suas obras, não estará preparado e sua carga será ainda maior no retorno.

Quando se diz: "Os que não mancharem suas vestes irão comigo em vestes brancas", está dando uma idéia de que todo aquele que usar seu poder, sua força interior, para prática do bem (desenvolvimento cármico), ou seja, não utilizar sua consciência egoisticamente, irá evoluir para um plano superior de consciência, porque estará puro das asperezas, ou seja, desvinculado das paixões da matéria, que significa o abandono do Eu inferior.

Toda mensagem representa um acontecimento no interior do homem, onde ele deve travar uma luta consigo mesmo, no sentido de se manter no caminho do bem e não se deixar possuir pelos encantos da matéria. Esta é uma batalha onde a derrota significa involuir e a vitória significa receber o prêmio máximo - a evolução.

Na frase: "Ao vencedor jamais apagarei o seu nome do livro da vida e confessarei seu nome diante do Pai", está implícito essa premiação. Aquele que despertar o quinto chakra, estará pronto para usufruir dos poderes do sexto chakra, estará pronto para partilhar com o amor universal, estará puro, santificado, terá o poder para ver o futuro.

Significa que, a partir daí terá um novo nome, uma nova identidade, estará em um estágio superior na escala da evolução cármica, ou seja, houve um crescimento do "Eu" na escala evolutiva da consciência, o qual não pode ser apagado (não pode regredir).

Nessa mensagem está nítido a existência de premiação, fator motivador para o desenvolvimento. Por outro lado, também deixa bem claro a existência de Graus de crescimento interior, os quais temos visto mencionado por todas as sociedades iniciáticas.

Como pode-se denotar, o despertar do chakra laríngeo, capacita o homem físico, ou seja, no mundo material, a ouvir com o ouvido astral, que em nosso plano material chamamos de inspiração e intuição.

A inspiração é o germinar constante de todo tipo de idéias. Quando temos a intuição ou a inspiração, na verdade estamos escutando com o ouvido do corpo astral.

O desenvolvimento do quinto chakra dá ao homem o poder da intuição e do relacionamento das idéias. No mundo físico desenvolve a função assimilativa e amplia o conhecimento do homem sobre si mesmo. O lento e gradual desenvolvimento desse chakra, abre a mente às retas sugestões e, amplia e torna liberal o pensamento.

Tendo em vista o conhecimento esotérico do chakra laríngeo, nota-se uma grande similaridade nas faculdades por ele desenvolvidas, com aquelas que são ensinadas e aprimoradas no Grau de Aprendiz Maçom.

Vencer paixões do corpo físico e do mundo material (moral), intensificar o crescimento intelectual e avivar a natureza espiritual do homem, são atributos do primeiro Grau da Maçonaria. Neste ponto encontramos a primeira coincidência, pois, as características do desenvolvimento do chakra laríngeo é o da ativação da sede das forças da palavra. A palavra é o verbo modificador capaz de mudar os estados da consciência em nosso estado atual de evolução.

A palavra Aprendiz significa aquele que aprende ofício ou arte, aquele que busca o conhecimento, que desenvolve habilidades. O desenvolvimento da palavra e a sua assimilação são os meios pelos quais aprendemos após nossa saída do primitivismo. A palavra desenvolve no cérebro a inter-relação de idéias, instiga a inspiração. Ela é o fermento necessário que faz germinar o crescimento das idéias e dos ideais.

A intuição e a inspiração são capacidades próprias e comuns a todos os homens, porém seu desenvolvimento em alto Grau é um privilégio de poucos.

Poder ouvir no mundo astral é viver permanentemente no mundo das idéias. É vivenciá-las constantemente no dia-a- dia. A idéia só se estrutura na mente a partir do momento em que é vivenciada continuamente e, quanto maior for esse vivenciamento maior será sua estrutura e perfeição. O constante vivenciamento das idéias é que faz com que sistemas éticos que formam as normas ideais se transformem em normas de ação.

O chakra laríngeo aparece mais desenvolvido nos oradores, escritores e artistas de um modo geral e, em particular, naqueles que realizam um trabalho inspirativo de qualquer natureza.

A segunda coincidência importante reside-se no fato da doutrina que ensinava o desenvolvimento do chakra pelo apóstolo João, pelo menos do ponto de vista de suas ações no mundo material, ou seja, no campo da moral, se fazia necessário a aquisição de certas virtudes. Tais virtudes são exatamente as mesmas ensinadas e requeridas no desenvolvimento de Aprendiz Maçom, sem contar com o fato de que a Maçonaria tem como patrono São João. Os fatos não parecem em si coincidência, ou seja, a mesma filosofia e o mesmo patrono, mas, por outro lado tem tudo a ver. Como se sabe, o apóstolo João tem sido, por mais de dois mil anos, o patrono das ordens de cavalheiros.

Não se sabe se tal fato ocorreu por adoção de sua filosofia iniciática ou se em razão da visão apocalíptica mostrar que uma ordem de cavalheiros iria cavalgar pelos quatro cantos do mundo para redimir a humanidade. Daí, também, pode ter nascido a origem das ordens de cavalheiros, tais como a grande maioria das ordens iniciáticas.

A história nos conta, ainda, que após a destruição da ordem do Templo, muitos de seus membros se refugiaram na Escócia, fato que ocorreu um pouco antes da fundação oficial da Maçonaria. Aí, talvez esteja o início da influência joanita na doutrina maçônica.

O SINAL COMO POSTURA MEDITATIVA

Uma terceira coincidência importante, vamos encontrar nos sinais de ordem.

No caso do Sinal de Aprendiz, bem como os demais, a similaridade é bastante grande. A postura de ordem de Aprendiz no que diz respeito às mãos é quase a mesma utilizada no desenvolvimento do chakra. A única diferença básica encontra-se no fato de que no Sinal de Aprendiz a palma da mão fica na horizontal e no desenvolvimento do chakra fica na vertical.

Levando-se em consideração que a ordem maçônica com o passar do tempo sofreu muitas modificações em seu Ritual e, certamente, irá continuar a se modificar, é possível que no passado obscuro da Maçonaria operativa, esse Sinal correspondia exatamente à postura de chakra.

A admissão desse fato deixa uma grande dúvida: ou a Maçonaria foi herdeira da doutrina esotérica de São João, ou apenas utilizou suas posturas de desenvolvimento de chakra como sinais de reconhecimento. Se for considerada a primeira hipótese, a de herdeira, significa que o tempo se encarregou de deserdá-la, ou seja, houve uma involução nesse sentido, o conhecimento foi perdido em algum ponto de sua história ou deixado de ser ensinado. A segunda hipótese, conduz o Sinal como signo de reconhecimento convencionado, caindo por terra todos os benefícios a que se fica exposto quando de seu uso.

Uma outra coincidência, também, vamos encontrar relacionada com o Sinal de ordem de Companheiro, pois, a postura de meditação para despertar o chakra cardíaco, corresponde exatamente ao Sinal de ordem em Loja de Companheiro.

Considerando essa coincidência, fica ainda mais favorável a defesa da idéia de que a Maçonaria é herdeira da doutrina esotérica de São João. Como veremos o chakra cardíaco corresponde à igreja de Tiátira. Vejamos a visão do apóstolo e, sua mensagem diz:

> *"Conheço tuas obras, teu amor, tua fé, teu serviço e, que tuas últimas obras são mais que as primeiras"*
> *Apocalipse. Cap. 2, ver. 19*

Neste versículo fica bem claro o reconhecimento do Mestre pelo trabalho realizado pelo seu discípulo João, onde se destaca, nitidamente, o trabalho dedicado, a força de vontade e a convicção no alcance de resultados.

Por outro lado, fica ainda evidenciado os progressos conseguidos dentro da doutrina, que mostravam muito superiores desde a última vez, demonstrando que o Mestre conseguira grande evolução na busca do autoconhecimento.

Já no versículo 20 temos:

> *"Tenho contra ti que toleras Jezabem, que profetiza, que engana e prostitui os servos a comerem da idolatria"*

O versículo 20 fala do caminho que o homem não deve seguir se quiser encontrar o autoconhecimento, ou seja, aquele que procura esta senda deve estar sempre vigilante para não cair escravo das paixões do Eu inferior. Deve estar atento para não deixar cair em tentação nas ilusões do mundo material.

No versículo 21, temos:

> *"E dai tempo para se arrepender da prostituição"*

Este versículo mostra que para se seguir no caminho do autoconhecimento se faz necessário um período de preparação para que sejam eliminadas todas as asperezas da carne, porque para se progredir nesse caminho é preciso estar redimido das paixões inferiores.

No versículo 22 e 23, temos:

> *"Eis que porei uma cama, e sobre os que adulteraram com ela virá grande tribulação. E ferirei de morte seus filhos e todas as igrejas saberão que sou aquele que*

sonda seus corações e mentes e darei a cada um segundo suas obras"

Estes versículos mencionam que todo aquele que utilizar dos centros energéticos para consecução dos prazeres materiais, sofrerão na carne, pois, o mal é criado dentro de cada um (seus filhos) e, que a energia do quinto chakra destrói o mal pelo amor e pela bondade. Diz também que cada um receberá por aquilo que construiu, ou seja, aqui se faz e aqui se paga.

No versículo 24, temos:

"Aos outros que estão em Tiátira, a todos quanto não têm esta doutrina, e não conhecem as profundezas do mal, outra carga não vos porei, mas o que tendes, retende-o até que eu venha"

Isto significa que os que não abusarem dos conhecimentos ou poderes mentais para o mal não carregarão novas dívidas cármicas, ou seja, poderão abreviar seu tempo de evolução, até que se encontre o Eu superior.

No versículo 26, temos:

"Ao que vencer e guardar até o fim minhas obras eu lhe darei o poder sobre as nações"

Para aqueles que conseguirem despertar as energias do chakra, terão o poder sobre seus sentidos, vencerão as ilusões, terão a intuição em mais alto Grau.

No versículo 28, temos:

"Assim como também eu recebi de meu Pai, dar-lhe-ei a estrela do amanhã"

Significa o prêmio para aquele que conseguiu despertar totalmente suas energias na quarta igreja e, a este será dado o poder da vidência, o despertar do Eu superior. No versículo 29, temos:

"Quem tiver ouvidos, ouça o que diz o espírito as igrejas"

Isto significa que devemos ouvir nossa voz interior, o Eu Superior, para comandar os centros de energia existentes dentro de nós, pois, é somente voltando para dentro de nos mesmos, escutando a voz do silêncio é que conseguimos nos libertar de nossa natureza inferior.

Em síntese, pode se dizer que o despertar do chakra cardíaco produz no homem o conhecimento instintivo das alegrias e das tristezas do próximo e, às vezes, o induz a reproduzir em si mesmo as dores alheias.

O chakra cardíaco é o Símbolo do amor universal, do companheirismo, da fraternidade e da igualdade. Está intimamente ligado ao desenvolvimento espiritual, ao amor fraterno, ao despertar da inteligência e da intuição. Leva ao trabalho em prol da humanidade. Impulsiona constantemente a busca da fraternidade universal, desenvolve o espírito de colaboração, de ajuda mútua, de tolerância, de justiça e de igualdade.

A ativação do chakra reproduz no homem o que chamamos de espírito maçônico. Coincidência ou não, aqui pode estar mais um dos argumentos de que a tradição maçônica é herdeira de conhecimentos esotéricos autênticos que talvez tenha sido deixado de lado impelidos pelo ceticismo dos aceitos.

Além da coincidência do ponto de vista moral e filosófico do desenvolvimento do chakra cardíaco com o desenvolvimento esperado no Grau de Companheiro Maçom, encontramos outra que vem aumentar as evidências de que a ordem maçônica é herdeira da doutrina de São João. O Sinal de ordem de Companheiro apresenta a mesma postura utilizada para o desenvolvimento do chakra, sem qualquer diferença.

O Sinal de ordem do terceiro Grau, também parece estar relacionado com um dos chakras principais, o chakra solar que, na doutrina de São João, corresponde à igreja de Pérgamo. A mensagem da igreja de Pérgamo, encontramos no Apocalipse, Capítulo 2, ver. 12, onde temos:

> *"Isto diz aquele que tem na boca a espada aguda de dois gumes"*

A frase quer dizer que aquele que tem o poder da palavra, o poder da doutrina, tem o poder de transformação sobre a consciência, ou seja, a palavra pode nos levar à realização do Bem e do Mal, tudo depende de quem as usa e daquilo que traz em seu coração.

No versículo 13, temos:

> *"Sei onde habitas, lá onde satanás levantou seu trono. Tu porém retens o meu nome; não negaste a fé."*

Significa o plano material e o estágio atual do desenvolvimento e, é aqui que devemos deixar nossas asperezas, as paixões do Eu inferior. Diz que devemos estar atentos e vivenciar a doutrina da verdade para fazer nascer o desejo ardente do autoconhecimento.

No versículo 14, temos:

> *"Tenho contra ti algumas coisas, é que aí tens alguns adeptos da idolatria que induzem seus servos a comerem dos sacrifícios dos ídolos"*

Isto significa que no desenvolvimento da serpente da sabedoria, que é uma energia sexual sublimada, o Iniciado corre certos perigos advindos das alucinações que pintam quadros de luxúria, os quais podem fazer com que o Iniciado venha confundir o amor fraternal com o desejo sexual.

No versículo 15, temos:

"Tens aí, também os que seguem a doutrina dos nicolitas"

Este versículo fala daqueles que são apegados às coisas materiais e ao egoísmo.

No versículo 16, temos:

"Arrependa-te, pois, não tardarei a ir ter contigo para lutar com a espada da minha boca"

O significado desta frase diz: aquele que arrepender-se, ou seja, desligar-se das paixões inferiores, receberá a evolução do espírito e saberá usar com maestria o poder das palavras, terá o poder do convencimento para ensinar o amor ao próximo.

No versículo 17, temos:

"Ao que vencer darei eu a comer do maná oculto; darei uma pedra branca e na pedra um novo nome, o qual ninguém conhece, senão aquele que o recebe"

Isto significa que aquele que conseguir despertar o chakra solar em sua plenitude receberá o alimento espiritual, o autoconhecimento, o seu segredo interno, a sua palavra perdida e, por isso, não será mais o mesmo, terá uma nova identidade, um "Eu" em um plano mais superior.

Com base nas interpretações acima, pode-se observar que as virtudes desenvolvidas pelo chakra solar, coincidem exatamente com o comportamento esperado do Mestre Maçom.

O chakra solar funciona como um distribuidor de energias para todos os demais. Seu vivenciar põe o homem em relação ao oceano da vida universal, ligado a todo cosmo. É o centro de equilíbrio de todo corpo e, está intimamente relacionado com as emoções e sentimentos. Proporciona a transcendência do conhecimento da consciência e coloca o desenvolvido em contato com o mundo astral.

O objetivo do Mestre é o de desenvolver um trabalho de cunho espiritual, ligado ao crescimento da consciência, fato bastante evidenciado pela sobreposição do Esquadro pelo Compasso. Assim, o Mestre deve aspergir a luz. Sobrepor a si mesmo. Renascer da moral, da virtude e do amor fraternal.

Da mesma forma que os outros dois chakras, o desenvolvimento do chakra solar proporciona qualidades morais e filosóficas idênticas às esperadas pelo Mestre Maçom. Uma outra similaridade encontramos no Sinal de ordem.

O Sinal de postura meditativa para o desenvolvimento do chakra se faz com a palma da mão na vertical, enquanto que o Sinal de ordem é feito com a palma da mão na horizontal. A postura do chakra é feita sobre o umbigo, enquanto que o Sinal de ordem é feito em outro lugar. Tais diferenças também correm o risco de terem sido provocadas pelo tempo.

Como se pode observar existem coincidências muito grandes entre a doutrina do despertar dos chakras e a doutrina maçônica. Isto se faz transparecer na filosofia, nos sinais e nas virtudes desenvolvidas. Tendo isto em consideração fica muito difícil admitir que os sinais de ordem são apenas signos convencionados para reconhecimento do Grau. Em ponto de vista particular eles são, acima de tudo, sinais de poder e, por tal razão, devem ser conservados com muito cuidado e sigilo. Os Sinais quando utilizados de forma adequada trazem benefício a quem realiza, mesmo quando sua realização é feita por pouco tempo como ocorre em Loja, pois, abre certos canais para influências positivas. Quando utilizado inadequadamente pode trazer o aspecto negativo da energia que impulsiona a consciência para involução.

Assim, o Sinal de ordem não é uma simples saudação as luzes da Loja, mas de certa forma um catalisador de energias para seu executante. Portanto, seu uso não deve ter a conotação de prática obrigatória, mas sim trazer o desejo ardente de receber suas influências benéficas. Sua utilização deve ser feita com a mente limpa de pensamentos profanos para não atrair influências negativas.

Os Sinais de ordem mesmo que em outro contexto são o que nos restam de práticas esotéricas importantes utilizadas na modificação do homem comum e, que ainda hoje, temos o privilégio de usufruir.

O Sigilo

"O homem busca dentro de si
o seu próprio segredo"

Discussões sobre o sigilo maçônico, tentando estabelecer parâmetros para embasar até que ponto ele poderá ser liberado para o mundo profano, tem sido objeto de controvérsias em todo tipo de reunião para tal fim.

Temos observado no meio maçônico algumas tendências no sentido de promover a liberação da Maçonaria para o mundo profano, tornando-a uma instituição de conhecimento público. Em 1987, a Folha de São Paulo, publicou uma matéria sob o título "A Maçonaria quer Sair da Clandestinidade". A base do artigo estava no Primeiro Encontro Mundial de Franco-Maçons - Paris-França, cujo objetivo era o de modificar a fisionomia atual da instituição, tornando-a uma organização cultural e social ao mesmo título de outras tantas.

Os "congressistas" reconheceram que na França como nos demais países onde a instituição está representada, que o "segredo" que envolve a Maçonaria repousa essencialmente no caráter iniciático. Essa declaração de intenções foi apoiada por vários países presentes, tais como a África, a Europa, os Estados Unidos e os da América do Sul, inclusive o Brasil. No Brasil, sempre que ocorre manifestação maçônico-cultural, o tema tem vindo à baila.

Observa-se na grande maioria das vezes que se confunde sigilo maçônico com a filosofia maçônica. A Maçonaria no contexto atual não é mais uma sociedade secreta, mas sim discreta e de caráter puramente iniciático e, detém em segredo seus métodos de Iniciação, bem como o conteúdo de suas reuniões e seus mecanismos.

A filosofia maçônica não difere em muito de outras instituições que visam em última análise aprimorar o homem.

No mundo atual, a sociedade impactada violentamente pela tecnologia, promove uma pressão muito grande no homem moderno, pois, este tem no seu dia-a-dia não mais um modo de vida, mas um estado de luta constante para sobreviver às mudanças sociais rápidas de uma sociedade altamente competitiva. Desta forma, o homem voltado unicamente para o sentido material das coisas, acabou por esquecer do instinto moral e religioso. A atualidade mostra-nos que a sociedade de um modo geral mudou seus conceitos de comportamento, moral e responsabilidade. Não se sabe se isto é uma consequência natural ou se é o princípio doutrinário que está ausente. A Maçonaria como sociedade no contexto, acaba por receber as mesmas influências. Assim, o mesmo relaxamento dos costumes que temos visto na sociedade profana, também o vemos na Maçonaria. O desleixo e a irresponsabilidade tem se dado especialmente no trato com as coisas de caráter secreto aos olhos do mundo profano. Observa-se certo descuido na preservação de sigilo sobre assuntos sobre os quais assumiu-se compromisso por juramento. Tais ocorrências que são de cunho doutrinário merecem atenções e algumas ações por parte dos dirigentes.

O SIGILO COMO RESPONSABILIDADE E LEALDADE

A abrangência do sigilo maçônico vai desde o primeiro contato efetivo com o postulante à Iniciação, sua vivência como Maçom e perdura até mesmo após um possível afastamento do quadro por livre arbítrio ou por imposição de lei maçônica.

O primeiro laço de lealdade começa na vida profana, pois, o Maçom deve lealdade em primeiro lugar para aquele que por conhecimento profundo de sua vida profana, onde manteve laços de amizade e, em confiança o convidou para fazer parte da ordem e, de certa forma, assumiu responsabilidade por ele.

O segunda laço de lealdade, inicia-se na aceitação do postulante pelo quadro em particular que, sem ao menos o conhecer profundamente avalizam o seu ingresso em solidariedade e lealdade ao apresentante. O terceiro laço começa na ocasião de sua Iniciação, onde o Iniciado fica unido aos demais membros da ordem por um segredo em comum. Esta união e esta lealdade vai, cada vez mais, sedimentando à medida que ocorre um maior estreitamento entre o novo membro e os demais. Assim, entende-se que o sigilo maçônico é um compromisso, acima de tudo pessoal que, cada vez mais, fortifica seus nós à medida que o Iniciado permanece dentro da ordem. Pois, o segredo maçônico é algo que se passa em confiança e implica em responsabilidade tanto para os que o transfere quanto para os que o recebem.

Do ponto de vista funcional o compromisso do sigilo é selado por juramento solene perante a Loja, em particular, e perante a instituição independente de potência. O compromisso assumido por juramento tem um valor sacramental, haja vista que este é feito em uma ocasião especial, em cerimônia acompanhada de atos e de formalidades que dão uma importância mais que considerável, tendo em vista o estado psicológico que se encontra o juramentado, pois, como sabemos o ato em si é preenchido por uma atmosfera de emoção inexprimível jamais esquecida.

O juramento maçônico é feito sem qualquer tipo de coação, dando ao Iniciado o livre arbítrio da aceitação. A aceitação de sua fórmula traz, por outro lado, a imprecação que em nossa instituição é apenas simbólica, mas com grande efeito psicológico. Além disso, a quebra do juramento traz sanções disciplinares estabelecidas nas leis próprias da ordem.

O SIGILO COMO DOUTRINA

A Maçonaria é uma sociedade unida por um segredo - a Iniciação. O segredo só como palavra já tem um efeito muito forte. Significa acima de tudo confiança mútua e responsabilidade. A Maçonaria tem sobrevivido desde sua estruturação até nossos dias porque soube manter seus segredos e, fez dele o seu pilar de sustentação. A ordem vive em torno do segredo. Sua lembrança é renovada constantemente a cada Sessão, embora, inconsciente. O sigilo é para maçonaria uma tradição, portanto faz parte de sua doutrina.

A conotação da Maçonaria é a de uma sociedade com alto espírito democrático, ou seja, dá ao Maçom a plenitude de seus direitos mas, também está sujeito a deveres os quais deve cumprir, também, plenamente. O cumprimento das leis maçônicas deve ser, acima de tudo, o primeiro dever do Maçom. Sendo o Maçom um líder capaz de interferir na sociedade tornando-a mais justa e, um militante na consecução do aprimoramento moral, espera-se que cumpra fielmente suas próprias leis.

A violação do sigilo maçônico está prevista no regulamento geral da Grande Loja do Paraná, no Capítulo II, art. 122, alínea "C" e "H" e, no Art. 123 alínea "D".

O não-cumprimento de tais regulamentos, pode levar ao enquadramento de sanção disciplinar conforme Art. 162.

As mais antigas leis que regem a Maçonaria universal, são os Landmarks. Todas as outras leis da ordem podem ser modificadas, emendadas ou suprimidas, menos os Landmarks. Estes jamais poderão sofrer qualquer alteração. Portanto, são eternos e imutáveis.

O landmark de número 23, prescreve a conservação secreta da Iniciação, dos métodos empregados, das lendas e tradições. Assim, fica claro que a manutenção do sigilo faz parte da disciplina maçônica e, é inerente ao comportamento do Maçom, o qual está sujeito a ações disciplinares e penais, conforme código penal e processual da Grande Loja do Paraná.

No art. 20 item "8" desse código, aparece como delito grave a violação de compromisso e, no item "9" a revelação de assuntos sigilosos. No Art. 23 do Cap. VI item "1" prevê a expulsão do quadro da Loja, em Grau máximo.

O ASPECTO PSICOLÓGICO DO SIGILO

O compromisso assumido por juramento de não revelar, para fora, palavras, gestos e processos utilizados na ordem maçônica é o elemento de ação psicológica. É em torno desse elemento que ocorre a aglutinação do grupo, aliás é o método pelo qual se estrutura a personalidade do grupo. É o meio pelo qual se evita a dispersão. Viver em torno de um "segredo" é um caminho para individuação. O segredo atua como elemento diferenciador, o qual tira o Iniciado do coletivo e do comum. Vivenciar esse segredo faz devolver ao Iniciado a verdadeira autonomia de seu ser. É retificar o princípio de igualdade e de liberdade.

Como já foi dito, a Maçonaria fez de seus segredos o seu pilar de sustentação. O viver em segredo faz com que o homem Maçom se integre ao Símbolo, haja vista, que nesse processo ele é parte do próprio Símbolo. A Maçonaria como sociedade com segredos, criou em torno dele a união e, dessa união surgiu o amor fraternal. A verdade está no amor. O amor é o grande construtor na elaboração do homem justo e perfeito, pois, de nada valeria viver em torno de um segredo se ele nada construísse para elevar o espírito do homem. O caráter "secreto" é o alimento básico para a sobrevivência da ordem, pois, sem ele não haveria o fator diferencial, o elemento aglutinador, responsável pela fraternidade.

O PONTO DE VISTA INICIÁTICO

A Iniciação por si só já é um fator diferencial muito importante na sociedade profana, pois, faz parte de uma tradição muito antiga, portanto já inserida no contexto da história das civilizações. Assim já se formou o conceito de que se trata de algo especial e que representa uma elite. Sua entrada na história não se deu por ser ela a aristocracia do poder do dinheiro mas, por representar a aristocracia do intelecto e da moral. Assim o Maçom é no mundo profano um ser especial.

O lado oculto da Maçonaria exerce um fascínio especial na consciência do homem. O elemento "secreto" tem raízes profundas em um passado bastante remoto, portanto anexado no inconsciente de cada um. Ter o privilégio de ser submetido a um processo tão antigo e tão indispensável, dá ao homem uma predisposição mental muito grande, a qual é a grande processadora das modificações objetivadas pela Iniciação. É exatamente, por este lado secreto que ela se torna indispensável, porque revela ao indivíduo sua autonomia, sua individuação. Ter sido submetido a um segredo é o que faz torná-lo diferente. O Maçom vive por essa diferença. A quebra do sigilo o devolve, novamente, para a coletividade, para o comum, para o inexpressível.

Como sabemos, o aspecto mágico, oculto e secreto, são elementos imprescindíveis na fortificação do poder transformador na esfera psíquica e, que a perda de tais elementos, durante o transcorrer da história, tem sido o responsável pela desestruturação de muitas seitas de caráter iniciático.

Entendemos que o aspecto mágico (transformador) do segredo é muito importante a ser considerado, pois, se assim não fosse não ocorreria o fato de toda sociedade iniciática se firmar como secreta. Qual a natureza desse segredo? Aqui a conotação da palavra é de conhecimento, conhecimento interno, busca interior, cujo ensinamento requer preparação e pessoas especiais para tal fim.

O processo pelo qual se faz a reciclagem da consciência e a transmissão dessa técnica é feito de geração a geração por meio de Símbolos e Ritos iniciáticos.

A Iniciação é o efeito pessoal de uma busca pessoal ávida, a qual é promovida por métodos manipulados e experimentados trazidos da tradição cuja origem se perde na noite dos tempos. O processo iniciático cria uma expectativa muito grande no candidato durante a Iniciação, cria um clima psicológico essencial para fazer mudanças em sua consciência. Tal processo perderia sua validade, sua força, seu poder mágico sobre a mente consciente se já fosse de domínio do candidato antes de ter sido submetido ao processo. Não nos parece inteligente tornar o ato iniciático um conhecimento público, pois, isto lhe tira o elemento surpresa, desconhecido, o aspecto segredo, que é a base de todo processo. Corrente de pensamento desse cunho é própria de pessoas que passaram pelo processo de Iniciação e não tiveram sensibilidade e inteligência suficientes para avaliar e entender a natureza do processo. São essas pessoas que, com seu sopro de ignorância, são responsáveis pelo apagamento da luz que reflete nossos Símbolos.

Se a Maçonaria está até agora viva é porque ainda é uma sociedade secreta iniciática. A história de tais sociedades tem um significado especial no mundo atual, pois, como já foi dito o seu lado oculto e mágico exerce um fascínio especial na consciência do homem. Exatamente pelo seu lado mágico, secreto que tais sociedades mantiveram sua luz acesa ao longo dos séculos. O que se observa na realidade é que não houve um desaparecimento propriamente dito, mas sim um ressurgimento com nomes renovados sem, no entanto, perder seus objetivos. O elemento secreto tem raízes muito profundas em um passado bastante remoto, portanto já está anexado no inconsciente de cada um. Entendemos que se enfraquecermos esta energia pela redução ou retirada do sigilo, iremos também enfraquecer, ainda mais, a sustentação da instituição que, na atualidade impactada pelo avanço tecnológico e modificações sociais, onde o homem é mais um sobrevivente do que um vivente, ou seja, a luta com o cotidiano para manutenção do "status", o distancia cada vez mais dos valores morais e religiosos e, irá influenciar negativamente dentro da instituição reduzindo significativamente seus valores como sociedade que visa transformar o homem.

O SIGILO EM RELAÇÃO A PUBLICAÇÕES

O aspecto cultural informativo sobre Maçonaria de um modo geral, deve ser observado sob dois pontos de vista. O primeiro reside no fato de que tudo que o Maçom precisa conhecer a respeito da ordem, não é possível de ser transmitido em reuniões. O problema reside no fato de que dentro das Lojas, poucos têm realmente condições de extrapolar os Rituais buscando nas entrelinhas as explicações que se faz necessário oferecer.

O conteúdo das instruções representa muito pouco como texto diante das necessidades. As publicações de um modo geral são bastante úteis para o aprimoramento cultural do Maçom que consegue entender o significado da instituição e vai em busca das informações que necessita.

Muitos são aqueles que desejam fazer das Lojas um local de estudos, um forum de debates mas, isto nem sempre é possível em razão dos procedimentos burocráticos que ocupam muito do tempo. Na tentativa de oferecer um algo mais para os Irmãos, de imprimir uma maior motivação pelo estudo, de revelar os conhecimentos adquiridos da pesquisa e de suas interpretações o escritor acaba por desvelar algum segredo que não poderia vir a ser de domínio público. A ansiedade de oferecer tais conhecimentos, acaba por encobrir a necessidade de se dar um tratamento especial na limguagem fazendo-a, somente, de domínio maçônico.

A cifragem de alguns termos é de vital importância para evitar a revelação. Nesse ponto de vista fica patente a necessidade de um decreto que determine normas para tais publicações, onde seja previsto a submissão dos assuntos imformativos culturais ao crivo de um departamento de cultura do poder central, para que seja dado o imprimatur.

Fogo entre Colunas

"Faz parte do arquétipo do homem buscar o desconhecido"

Não se trata de nenhum incêndio e sim, de queima de propostas de candidatos ao ingresso na ordem, onde por alguma razão Não conseguiram a aprovação total. Apesar do processo parecer aos olhos de quem ainda não viu, um tanto drástico, trata-se de uma prática que faz parte da tradição maçônica. Assim, após o escrutínio secreto, não sendo aprovada , a proposta será queimada entre colunas. No entanto, nos parece que tal prática não tem sido bem aceita nos dias atuais. Aliás, nos últimos tempos temos notado algumas mudanças no espírito maçônico. Assim, a Maçonaria cujo objetivo era o de interferir na sociedade atuando como guardiã da moral e dos bons costumes, hoje sofre muito mais influências do que é capaz de influenciar.

Dentro da sociedade observamos grandes modificações na ordem moral e, muito daquilo que anteriormente era preservado, atualmente é chamado de ultrapassado. Assim, o código moral já não tem nenhum significado perante a moral vigente. Na realidade o que vemos é uma completa redução de valores. As colunas maçônicas também estão passando pelo mesmo processo, ou seja, estão se tornando fracas diante das pressões exercidas por este estado de coisas. Assim, procedimentos que antes eram tidos como normais e salutares para a ordem, hoje constituem motivos até de discórdia e desrespeito para com a liberdade de opinião e, com certa gravidade, ao cumprimento das normas e procedimentos estabelecidos para tal ato.

A decisão sobre o ingresso de candidatos deve fluir livremente e naturalmente. Não é permitido qualquer tipo de intervenção impositiva no sentido de direcionar a votação. É preciso sim, atentar para os mínimos detalhes que muitas vezes estão escondidos sob suposta virtude, que futuramente podem vir causar prejuízos ao quadro. No entanto, quando se prima pelo procedimento correto, ocorre, às vezes, uma inversão de posições, ou seja, os julgados deixam de ser os candidatos e passam a ser os Companheiros que levantaram questões ou dúvidas sobre os candidatos. Assim, tais Companheiros são rotulados como carrascos incendiários e elitistas".

O ELITISMO MAÇÔNICO

Vejamos a história. O cristianismo em sua instalação como doutrina estabeleceu duas ordens: a exotérica e a esotérica. A primeira chamada de igreja de Pedro, tinha como finalidade expandir certos ensinamentos de ordem moral para pessoas comuns, e, como se sabia, seriam muitas as dificuldades para tal processo devido ao fato de se tratar de uma sociedade tribal quase sem nenhuma instrução, o método utilizado para tal procedimento foi o alegorismo. A segunda, conhecida como igreja gnóstica, ou de João, cujo objetivo era o de formar Mestres instrutores, a transferência de ensinamentos era feita por processo iniciático e, somente alguns possuidores de qualidades especiais tais como: lisura moral, inteligência e maturidade eram Iniciados. Assim perguntamos: teriam sido os precursores do cristianismo elitistas? Antes, porém, vejamos o que diz o dicionário sobre a palavra "elite": aquilo que há de melhor numa sociedade ou grupo. O escol, a nata, a fina flor. São estes os termos que se devem empregar em português, segundo o dicionário "Lello Universal".

Pelo que se deduz, Cristo foi elitista, pois, queria para sua escola iniciática não a aristocracia do dinheiro, mas sim a aristocracia do talento, da moral e da intelectualidade. Vejamos algumas frases bíblicas: "Muitos serão os candidatos, mas poucos serão os escolhidos". Aqui está implícito um processo de seleção, ou seja, sua intenção era a de manter a ordem iniciática para escolhidos enquanto a ordem exotérica seria privilégio de todos.

A Maçonaria é, sem dúvida, uma sociedade elitista, pois, seu propósito é o de conseguir trazer para seu meio aquilo que a sociedade tem de melhor.

Se o objetivo da Maçonaria visa, em última análise, o homem e na extensão a sociedade, ela necessita de pessoas que realmente tenham capacidade para interferir modificando essa sociedade. Assim, com o propósito de tornar feliz a humanidade, ela precisa ter em seu meio pessoas especiais, capazes de doutrinar e motivar para que, desta forma, possam modificar os rumos desastrosos para onde a sociedade caminha. Assim, fazendo jus ao conceito, todo grupo que se apresenta com propósitos sublimes e com um diferencial da maioria, se constitui, indubitavelmente, em uma elite. Há uma tendência imediata das pessoas relacionarem o termo elite a um grupo ostentador de riquezas. Na realidade a grande riqueza da Maçonaria é o de ainda possuir em seu meio pessoas que se dedicam ao desenvolvimento intelectual. Pessoas que primam pela educação de seus membros no sentido de criar um diferencial intelectivo em relação à sociedade e, especialmente de se preocupar com a prática da moral e da ética.

Conseguir reunir um grupo de pessoas possuidoras de propósitos tão sublimes, não é tarefa das mais fáceis, pois, tendo em vista a atual conjuntura social, é muito fácil de se cometer enganos. O ser humano como sabemos vive, de um modo geral, representando.

A cada situação se estabelece uma "personalidade". Assim, nem sempre as pessoas são aquilo que aparentam ser. Queira ou não admitir, vivemos em um mundo de ilusão e, a cada situação, se cria uma perspectiva ou ilusão.

A curiosidade é uma reação natural a todo ser humano. Faz parte do arquétipo do homem buscar o desconhecido.

Desta forma, fica muito difícil separar o joio do trigo. Encontrar um homem com o propósito natural de tornar feliz a humanidade não é tão fácil. Daí, a grande dificuldade da Maçonaria, na aquisição de seus membros. Por consequência, a necessidade ainda maior de aprimorar seus métodos e de se estabelecer um trabalho de seleção mais rígido.

Com todos os cuidados que se tem tomado, no processo de seleção atual, as surpresas não param de acontecer. A vida maçônica é, sem sombra de dúvida, uma espécie de sacerdócio, função para qual um pequeno grupo tem vocação natural. Por outro lado, temos ainda um outro grupo que necessita de um incentivo especial para incorporar esse estado de ser. É aquele que embora bem intencionado, livre e de bons costumes, não conseguindo alcançar os propósitos acabam por desistir.

O processo de seleção é de capital importância e muito difícil de ser realizado mas, por outro lado, manter os membros aglutinados dentro dos propósitos é uma questão de sobrevivência, pois, muitas vezes boas cabeças são perdidas porque o ideal de Maçonaria não é bem vendido ou simplesmente não é vendido. Só se consegue entusiasmar alguém com algum ideal quando este é bem vendido integralmente. Em nosso meio isto se faz pela instrução. A educação do Maçom é o único meio de mantê-lo aglutinado ao grupo. Infelizmente este espaço jaz permeado pela burocracia. O Maçom que conhece realmente o sentido da Maçonaria, entende a necessidade do processo seletivo, como também está preparado para aceitar avaliações do grupo a respeito do seu candidato.

Aquele que tem em seu coração a Maçonaria não utiliza dela para atender propósitos pessoais no mundo profano, pois, a Maçonaria nunca foi e, certamente, nunca será uma guilda comercial para troca de favores, pelo menos enquanto tiver em seu meio doutrinação suficiente para manter vivo o seu significado primordial, que é o de aprimorar o homem.

Para se tornar um bom profissional em qualquer profissão é preciso, acima de tudo, ter aptidão e competência. O ingresso de uma pessoa na Universidade exige que esta apresente um certo Grau de competência, já que se supõe que esta traga consigo aptidão. Mesmo assim, diariamente, se testemunha ações de maus profissionais que, muitas vezes, por suas ações, acabam denegrindo a toda classe.

Da mesma forma que na Universidade, o meio maçônico tem de agir, ou seja, primar pela seleção, desde o ingresso até o atingimento da chamada plenitude maçônica. Na Maçonaria só tem uma vantagem a mais em relação ao meio acadêmico, pois, ao Maçom é dada a oportunidade de aprender, bem como a de também ensinar. Daí, a necessidade dele ser um autodidata. Por isso se faz imperioso reconhecer no mundo profano tais pessoas. A Maçonaria não precisa apenas de bem-intencionados e caridosos, pois, a ajuda ao necessitado é obrigação de todo ser humano e não uma qualidade rara. A Maçonaria precisa de muito mais que isso. Ela necessita, além disso, de homens que lutem pelos direitos de igualdade, pelo combate à ignorância, pelo direito de liberdade suprimido pelos ditadores, pela possibilidade de uma educação mais justa e pelo direito de se viver decentemente.

Só se muda uma sociedade com idéias e ideais. Somente o líder é capaz de transformar normas ideais em normas de ação. Assim, na escolha do postulante ao ingresso na ordem, não bastam as qualidades de livre e de bons costumes, isto deve ser parte de um mínimo necessário.

É preciso, entre outras, apresentar qualidades de liderança, cultura geral e nível intelectual, além de um gosto especial para aquisição de novos conhecimentos, pois, só assim poderá assimilar integralmente o processo de construtor social. A Maçonaria representou no passado uma força dinâmica de atuação junto à sociedade, porém, hoje, não representa mais. Por quê? Certamente, a razão está na ausência do dinamismo que, por extensão, significa falta de idéias. Como se sabe a idéia por si só tem o poder de instigação do dinamismo, mexe com o interior das pessoas, traz entusiasmo e constitui o motivo da ação. Cabe aqui lembrar um fato ocorrido no passado que foi a adoção da Maçonaria operativa pelos então chamados filósofos (philos = afinidade; sophos = sabedoria). Por que será que isto aconteceu? Como sabemos a Maçonaria operativa como sociedade que tinha o objetivo oculto de aprimorar o homem, nesse ponto, estava falida. Estava na época exaurida de idéias, embora desfrutasse de prestígio junto à sociedade. Assim, ou ela se modificava ou morreria. Foi quando ocorreu o casamento perfeito dela com os filósofos que, na época, também, necessitavam de um lugar onde pudessem disseminar suas idéias. Desta forma, juntou-se o prestígio e as idéias sob um mesmo teto. Certamente, esta foi a reforma mais importante que a ordem fez, até então e, que garantiu sua sobrevivência, pois, os filósofos deram um impulso muito grande na ordem. Em razão disso, a ordem proclamou independência em muitos países, derrubou governos déspotas e, mudou o pensamento político da época.

Na atual conjuntura, não fica muito difícil prever o futuro da ordem, a qual atualmente também se encontra exaurida de idéias e impotente diante dos fatos. Como hoje não é possível arranjar um outro casamento, só nos resta um caminho, ou seja, o de reformular sua estrutura educacional e criar um novo perfil ideal para o Maçom que irá compor a Maçonaria do terceiro milênio. Destarte, do modo que está, estaremos, cada vez mais, dando oportunidades para aqueles que serão no futuro os aniquiladores de nossas tradições.

O Juramento de União

"Eu juro por aquele que revelou
à nossa alma a Tetraktis que tem em si
a fonte e a raiz da eterna natureza"

O juramento maçônico é um procedimento muito antigo que originou-se provavelmente das corporações de construtores de catedrais ou Maçonaria operativa.

Todo Aprendiz de construtor quando se tornava Companheiro, fazia um juramento de união, no qual declarava não revelar os segredos dos construtores e, isto, era realizado diante do livro da corporação e dos estatutos da Associação dos Talhadores de Pedras e Pedreiros. Assim, na presença de toda corporação e dos livros, se constituía a declaração de fidelidade, tanto no sentido de respeitar os estatutos como o de manter secretos os ensinamentos recebidos.

O primeiro juramento que se tem documentado, faz parte do estatuto em referência, no parágrafo 47, que diz: "No ano de 1459, quatro semanas depois da Páscoa, os Mestres e os trabalhadores desta corporação que estiveram em Ratisbona (Regemburg), juraram fidelidade sobre o livro. Em Ratisbona foi construída uma catedral, cujos trabalhos começaram no ano de 1275 e findou-se em 1524.

Assim como nas corporações de construtores, na Maçonaria especulativa o juramento continuou mantendo-se basicamente o mesmo contexto. Diferente dos operativos que iniciavam apenas Companheiros nos mistérios, já que os Aprendizes vinham livremente e só eram Iniciados após cinco anos de observação, o juramento mais importante no contexto atual da Maçonaria é o realizado no Grau de Aprendiz.

O ASPECTO PSICOLÓGICO

A Maçonaria operativa tinha apenas um juramento, o de Companheiro. No ato da Iniciação, o candidato deve prestar um compromisso solene, o qual deve ser contraído livremente sem reserva mental, ou seja, sem coação.

Assim, antes de assumir a responsabilidade perante os demais e perante a ordem em si, para o candidato é lida uma fórmula de juramento para que o mesmo possa refletir sobre ela e, decidir livremente sobre sua aceitação.

A cada um dos Graus sucessivos em que se é Iniciado, esse juramento de fidelidade é renovado, ou seja, faz-se um novo juramento para reforçar os laços de união fraternal. Porém, o mais importante deles é aquele prestado pela ocasião da Iniciação na ordem.

O juramento é feito em um clima iniciático e tem um efeito

psicológico bastante importante. No momento de sua execução, o candidato encontra-se carregado de uma carga emocional intensa, além de no momento estar com um de seus sentidos inoperante, o que faz com que os demais criem uma imagem arquétipa da situação em que se encontra, bem como do processo a que está submetido. O juramento é, sem dúvida, mais um Símbolo transformador, e dos mais importantes no processo, pois, na medida que se realiza, provoca alterações na esfera do subconsciente. É, exatamente, nesse ponto que se cria o vínculo de fidelidade. O efeito transformador do Símbolo do juramento é diretamente proporcional à perfeição da dramatização do processo iniciático em si.

O juramento, na Iniciação, é feito em duas oportunidades e, não por acaso, mas sim para realmente conseguir os efeitos desejados.

O primeiro é aquele feito sobre a "taça das libações ou taça sagrada", onde se bebe da bebida doce que se transforma em amarga, da boa e da má sorte.

A transformação do doce em amargura, tem um efeito psicológico especial para aquele que foi bem preparado e leva a sério o ato a que está se submetendo. Aqui é colocado em dúvida aquilo que vai na consciência do candidato. Esse ato se constitui na primeira sacrificação por perjúrio e, o candidato recebe sua primeira punição ao sorver o fel, cujo amargor se transforma em um sutil veneno. Nesse momento cria-se um clima emocional intenso, cujo objetivo é o de provocar uma sobrecarga dos sentidos, onde o paladar é extremamente afetado e a mente é confundida pelo esbravejar das palavras que invocam um sentido de culpa.

A salutar bebida que se transforma em um sutil veneno, a acusação feita de forma drástica nas palavras do Venerável e a retirada do profano do altar, constitui, na verdade, os passos do processo de condenação por perjúrio. O amargor da bebida revela e constitui prova do flagrante delito, visto que a culpabilidade pelo perjúrio é mostrada plenamente pela alteração no semblante do profano, que tem os músculos da face contraídos reflexamente.

Na sequência, o esbravejar pronunciado pelo Venerável, pondo em dúvida a sinceridade e a pureza de caráter do iniciando, constitui a acusação do crime de perjúrio e, ao ordenar impiedosamente que o candidato seja retirado do oriente, está fazendo uma condenação por expulsão. Nesse ponto, são marcados na consciência do postulante os efeitos físicos e psicológicos resultantes de uma traição. Aqui o

Símbolo do juramento constitui sua parte significante, a qual mergulha no inconsciente onde irá exercer seu efeito à distância.

O drama constituído tem como objetivo criar o efeito psicológico da imprecação do juramento. Como se sabe, o juramento em si é um texto que constitui uma fórmula, uma declaração, que de certa forma é tão fria como um contrato no qual o elemento mais importante, a assinatura, é que dará condições para ações legais, caso não seja cumprido.

No juramento não existe , no contexto atual, a marca do lápis, mas sim o testemunho de um trauma no subconsciente que traz a sombra negra do castigo que espreita vigilante em nossa alma.

Esse primeiro juramento por trauma psicológico constitui, de certa forma, uma preparação para o próximo e definitivo que virá em seguida, ou seja, ele faz com que o candidato realmente entre em sintonia com aquilo que está realizando. É uma chamada de atenção para fazer emergir os elementos da razão onde tal fato fica gravado como lei.

A ESTRUTURA DO JURAMENTO

O juramento se constitui de três partes a considerar: uma invocação, uma promessa e, uma imprecação.

INVOCAÇÃO

A invocação é a parte que constitui o apelo, feito a entidade maior, o Grande Arquiteto do Universo, que testemunha o ato e, de certa forma, fica como avalista. O homem tem em seu subconsciente, a imagem arquétipa do Deus de Moisés e do Deus de Salomão. O cristianismo passou isso. Assim o homem tem em Deus, a imagem da vingança e do amor. Do Deus que castiga os impuros e que salva os puros.

Desta forma, está implícito em seu subconsciente que não pode faltar perante Deus, porque a justiça divina é maior que todas as outras. Nenhum homem em sã consciência, ousaria desafiar a justiça maior, a lei maior do universo. Assim, em juramento solene, feito perante homens e Deus, adquire uma extensão maior no caráter daquele que o presta. O ato de fidelidade além de seu valor funcional tem também agora um sentido sagrado.

Este fato, tem valor sublime na consciência das pessoas de boa formação moral e religiosa.

PROMESSA

A promessa constitui o objeto do juramento. É a declaração daquilo que se impõe promessa e permite a aceitação ou não de seu conteúdo. A promessa também deixa claro antecipadamente as penalidades a que se fica sujeito. O conteúdo é algo elaborado com perspicácia procurando tirar o máximo do significado psicológico das palavras, porque aí entre outras, está o efeito transformador da palavra como Símbolo que irá atuar no subconsciente e criar o arquétipo de união em torno de um segredo, o vínculo de cumplicidade, a lealdade perante Deus e os Irmãos.

IMPRECAÇÃO

A imprecação é o castigo a que será submetido, caso venha faltar com o compromisso assumido perante Deus e os Irmãos. É a parte mais importante do ato, junto com a invocação, pois, sem ela o juramento em si não tem efeito algum. É nulo. Não causa nenhuma impressão no subconsciente. Assim quando o Venerável acusa o profano de perjúrio no primeiro juramento, ele cria um descontrole da razão sobre o consciente, cujo efeito é um estado de extremo desconforto, de abandono, de indefesa, de desespero, que o faz provar naqueles poucos momentos o gosto amargo da condenação. A imagem do castigo é o elemento essencial do processo. Essa imagem cravada violentamente nas teias da razão é a responsável pelo silêncio em relação às coisas sagradas da instituição. É exatamente isto que faz um Iniciado Maçom ser eternamente Maçom.

Um Maçom verdadeiro, pode até por alguma razão abandonar seus comparsas de segredo, mas jamais desvelará seu conteúdo, porque tem o Grande Arquiteto do Universo como avalista e, uma cicatriz profunda na alma que jamais será removida e, estará ali para sempre para lembrá-lo de seu compromisso de fidelidade.

O juramento é um compromisso definitivo para quem o faz, não dá para voltar atrás, não é possível rescindi-lo, sem se tornar perjuro.

O juramento não é um simples pacto ou contrato verbal, ele é verdadeiramente um sacramento, porque tem a conotação de sagrado. Para se dar uma idéia melhor das partes do juramento abaixo, temos reproduzido alguns trechos de seu texto, onde destaca-se claramente suas três partes:

Invocação - Juro e prometo de minha livre vontade e por minha honra, em presença do Grande Arquiteto do Universo e dos membros desta ...

Promessa - ...nunca revelar os mistérios da Maçonaria que me vão ser confiados...
Comprometo-me defender e proteger meus Irmãos em tudo que puder e for necessário e justo; prometo, ainda, conservar-me cidadão honesto e digno, amigo da família e nunca atentar contra ninguém...
Prometo seguir as leis e os regulamentos da ordem e suas decisões legais...

Imprecação - ...consinto, se falhar com minha palavra em ser excluído de sociedade de homens de bem que verão em mim um ente sem honra e sem dignidade. Seja-me a∴ l∴ p∴ c∴,...

O ASPECTO ESOTÉRICO

Além do aspecto psicológico do juramento, ele está contido, também, em um contexto esotérico. A palavra juramento é derivada do latim, *Sacramentum*, que significa sagrado, pois, o juramento é sagrado desde que a invocação seja feita a uma divindade como garantia.

Ao prestar juramento o profano o faz de forma Ritualística, no altar dos juramentos. A postura frente ao altar põe o profano em contato com energias dos elementais da natureza. Com o j∴ d∴ sobre o degrau do altar, é assumida uma atitude de submissão, ou seja, de aceitação a uma lei maior, em Sinal de respeito ou veneração. Significa aceitação aos princípios da ordem, uma devoção à causa que começa a abraçar e, ainda, uma veneração ao Grande Arquiteto do Universo. Ao mesmo tempo, nessa postura de devoção, o espírito puro e limpo de devoto, recebe o fluxo de uma corrente energética, a qual atua como elo de ligação entre as energias da Terra e do Ar. Este apêndice de ligação é o fio que mostrará o caminho de saída das paixões materiais do Eu inferior (Terra) rumo à estrela setenária, plano superior do Eu (Ar), em busca do "Eu Sou".

Na posição de juramento o j∴ e∴ permanece em forma de

Esquadro, simbolizando a fixidez, a estabilidade, a retidão, a firmeza de propósitos, que são os objetivos do juramento. É a motivação que irá conduzi-lo para a libertação de um estado inferior para um Grau mais superior. A m.·. d.·. no livro da lei, significa que o profano deve aceitar a verdade plenamente e por ela viver, porque o homem que não vive pela verdade jamais conseguirá sorver o doce néctar da felicidade plena. A aceitação da verdade é a aceitação da palavra divina, é entrar em sintonia com a consciência cósmica, o verbo transformador da individualização do Eu, a lei natural da evolução do espírito. A m.·. e.·. no Compasso (espírito), cujas pontas se apóiam no p.·. sobre o chakra correspondente, representam a sintonia que se estabelece com a centelha cósmica perdida na matéria do homem, com o espírito divino.

Aqui também forma um fluxo energético, um fio que mostrará o caminho que leva ao todo, proporcionando o encontro da energia menor que busca sua integração com a maior. A união do corpo (matéria) com o Compasso (espírito) nesse momento define e põe em sintonia dois planos: o humano, profano, consciente, com o divino, sagrado, inconsciente, onde o elemento de comunicação é o Símbolo.

O primeiro plano está ligado aos elementais da água, os quais se relacionam à alma humana, a consciência permeada pela virtude e pelo vício, onde a evolução representa a sobrepujança daquele por este. Enquanto o segundo plano está ligado aos elementais do fogo, representa as energias do fogo criador, o espírito divino, o vigor ativo que põe em ação todos os princípios, regenerando e integrando todos os elementais da natureza. Tal fato está simbolizado na cruz do cristo com a frase: Ignis Natura Renovatur Integra.

Como se pode perceber, o juramento está relacionado aos quatro elementais da natureza ou Tetraktys dos pitagóricos, pois, como sabemos a geometria sagrada era a principal ferramenta dos construtores e, muito provavelmente esse carácter esotérico dos elementais tenha saído da influência pitagórica na Maçonaria. Os pitagóricos davam um caráter sagrado ao Tetraktys quando juravam pela forma: "Eu juro por aquele que revelou à nossa alma a Tetraktys, que tem em si a fonte e a raiz da eterna natureza". O fogo criador põe em ação os princípios dos elementais para constituir um novo ser. O homem que faz um juramento é um novo homem, regenerado e integrado.

O ato do juramento significa a aceitação plena e a firme determinação para uma mudança de estado de espírito. Ao receber na mente a fórmula do juramento e ao pronunciar a cada aceitação, "Eu Juro", com a mente aberta e pura e com a correta preparação realizada no primeiro juramento, está se iniciando a auto-sugestão, cujo efeito, principia uma série de modificações na vida desse homem.

O juramento constitui o Símbolo transformador que dará início à ingressão do homem para dentro de si mesmo, onde irá encontrar o seu grande segredo, sua verdade interna, sua palavra perdida, seu verbo transformador. É o firme propósito de olhar interiormente para aquisição de novos caminhos na senda da sabedoria.

O juramento como ato esotérico significa o princípio da abertura na janela da alma, que faz surgir os primeiros raios da luz que corta as trevas do Eu inferior e que virá iluminar seus passos rumo ao Eu Superior.

As Dimensões do Homem

"O homem só alcança a felicidade quando seu sentimento entra em acordo com sua realidade interior"

O ser humano possui três dimensões básicas: sentimento, pensamento e ação. É exatamente por estas três características que o homem define seu perfil interior, bem como no meio em que vive.

Assim, se o homem cultivar o sentimento de afeto, de cooperação, de ajuda a seu semelhante, seu pensamento se organiza para que sua ação sempre seja coerente com o que sente. Por outro lado, se este cultivar sentimento de animosidade, seu pensamento será dirigido nesse sentido, aí a ação será totalmente destrutiva. Desta forma tudo que o homem realiza é reflexo de seu sentimento, daí considerarmos esta dimensão a mais importante do homem.

Além destas três dimensões, o ser humano possui também uma essência e uma existência. A essência do homem é parte integrante de seu espírito, existindo por si mesma e sua natureza é boa, sadia e bela, enquanto que a existência, em razão das atitudes que tomamos, tem-se revelado uma negação para nossa realidade interior.

O homem só alcança a felicidade quando seu sentimento entra em acordo com sua realidade interior. O que nos mostra se estamos agindo de acordo com essa realidade interior ou negando-a é a consciência. A consciência da mesma forma que a essência é universal. Ela é o grande juiz de nossas ações. Ela nos mostra toda realidade que nos liga à verdade.

A aceitação das revelações da consciência depende exclusivamente da vontade. Nossa vontade tem a soberania na escolha de nossos caminhos.

Quando um indivíduo escolhe para si o ódio, o egocentrismo, a mentira e a bajulação, o resultado será sempre destrutivo. Assim, somos os únicos responsáveis pelas nossas escolhas, e quando nos conscientizarmos de nossos e procurarmos aprender com eles, estamos com as mãos na chave da felicidade.

No desenvolvimento interior do homem ele é o seu próprio opositor, em razão de suas atitudes de não aceitação da realidade, de inversão de valores, de inveja, megalomania, teomania, etc... Tais atitudes que adotamos constantemente em maior ou menor Grau e que quase sempre não somos capazes de admiti-las, são, sem dúvida, responsáveis pelo nosso baixíssimo desenvolvimento e crescimento interior.

Sempre que um grupo tenha em seu meio o amor, o resultado será um ambiente de confiança mútua e prosperidade constante.

A força de uma Loja só se estabelece quando reina em seu meio o amor e a sabedoria, porque através da sabedoria se chega ao equilíbrio e deste nasce a união.

Sempre que ocorrer união surgirá uma consciência de grupo, a sintalidade, daí como consequência surge a motivação fazendo crescer o germe do entusiasmo, do respeito mútuo, da vontade permanente de colaborar, do desejo de ensinar, da vontade de aprender, do comando sem autoritarismo, da aceitação sem submissão e do uso da crítica para construir.

Assim, é preciso que cada um medite sobre este estado de coisas e busque em si mesmo uma parcela de solução, pois, como vimos a chave para construir ou destruir está dentro de cada um. Quando a vontade é soberana para construir, a consciência abre as portas do pensamento com a chave do amor.

Ao entrarmos em uma Loja, devemos fazê-lo com espírito positivo, com a mente construtiva e com o coração aberto para transbordar amor e humildade. Humildade para aceitar críticas sem mágoas e especialmente para criticar sem ofender. Quem houve críticas constrói melhor. Sua não aceitação, bem como o seu uso para fins destrutivos é firmar a ignorância. Nossos propósitos são os de construir e firmar nossa casa com base na sabedoria e no amor. Como já disse alguém: "Como é bom e agradável viverem juntos os Irmãos".

Assim se formos tolerantes e fizermos prevalecer soberana nossa vontade de progredir interiormente e apostarmos no futuro e na sabedoria, nossas colunas jamais irão sucumbir.

A Iniciação

"E vós próprios, como pedras vivas,
edificai-vos para formar
uma casa espiritual"

Deus criou o homem à sua imagem e semelhança. Esta é uma frase da qual muitos têm conhecimento, mas poucos a compreendem. O homem é o próprio Deus em uma de suas múltiplas manifestações, porém em um plano inferior, na escala de desenvolvimento. Em realidade, o homem é um ser perfeito, mas ainda não justo. A semente de homem foi colocada no plano material para se tornar perfeito em espírito. Porém o homem só se edificou materialmente e, em sua casa corpo é apenas uma casa material perfeitamente acabada, mas ainda sem luz interior.

Na construção de sua casa corpo, a supra consciência arquitetou toda sua edificação. A consciência cósmica se empenhou tanto em seu trabalho no plano material que acabou se perdendo na escuridão da matéria. Este foi o meio pelo qual o anjo portador da luz decaiu, pois, foi exatamente no plano material que a centelha da consciência cósmica perdeu sua identidade e adormeceu na matéria. Este foi o processo pelo qual a inteligência penetrou na matéria e começou seu princípio de organização e nela edificou um sistema perfeito.

A verdade suprema repousa adormecida no leito do homem, onde aguarda ser despertada pela luz que irá rasgar as trevas materiais e iluminar seu caminho para a grande viagem, ou seja sua ligação consciente com o Todo.

A VIAGEM DA CONSCIÊNCIA

Existe no homem, bem como no fundo arcaico de uma inconsciência, uma pequena lembrança de sua origem cósmica, a qual proporcionou no ser consciente uma sensação de abandono, de estar fora de suas referências. É exatamente por esta sensação, que o homem sempre está buscando explicações para tentar descobrir sua existência e suas referências.

Segundo os ensinamentos esotéricos de Hermes Trismegistus, existe um plano, onde as almas antes de se encaminharem para sua vida terrestre são colocadas diante do "espelho do esquecimento", para daí, partindo de uma nova etapa ingressar novamente no plano evolutivo. Assim, o homem tem dentro de si uma "imagem virtual" de seu verdadeiro estado evolutivo, da qual de nada consegue lembrar, a não ser de sua origem cósmica.

No "espelho da vida", o homem assume uma identidade temporária, que é representada por uma pluralização do Eu, ou seja, é como se fosse um quebra-cabeça, e quando montado representa uma unidade compacta, individual, representando um contexto único. No entanto, quando desmanchada, por algum motivo, tem sua representação dissociada em pequenos fragmentos que, agora, cada qual tem sua própria representação e contexto próprio, embora ainda pertençam a um todo. Cada pedaço do quebra-cabeça é o próprio quadro, porém em um contexto menor, inferior, dividido, enfraquecido pela desestruturação do todo. Todos esses pedaços se forem justapostos de forma correta irão constituir novamente o quadro total.

A consciência do homem é um "quebra-cabeças", que tenta encontrar suas partes para justapô-las e se individualizar no todo. A parte pequena, inferior, enfraquecida e perdida no plano material é o "Eu inferior" e o quebra-cabeças montado é o "Eu superior".

O processo iniciático é uma técnica arquitetada exatamente para montar o "quebra-cabeças", ou seja, para renovar a consciência e fazer com que o homem se aproxime da individuação.

Em realidade a Iniciação é um processo de recordação, para nossa alma, do caminho por ela esquecida, o qual, se for trilhada a porá, novamente, de frente para o "espelho da vida", onde será reconhecida, ou melhor, onde se recordará de sua identidade. O processo iniciático tem como contexto, a viagem da consciência do plano inferior da matéria para o plano superior do espírito.

A Iniciação tem um efeito psíquico muito importante no desenvolvimento do homem. Segundo C. G. Jung, que esteve ligado à ordem iniciática (alquimia), diz: "Há uma obrigação superior de adquirir por si mesmo uma verdadeira autonomia do ser" (individuação), mas que a passagem por um grupo de vocação iniciatória, é, e ainda será por muito tempo, indispensável há muitos homens. Isto porque a Iniciação é um caminho que liga o homem ao seu Arquiteto. É um caminho que o homem precisa descobrir por si mesmo, haja vista que suas diretrizes e planos se acham dentro de si próprio, ou seja, ele é recipiendário de um segredo. Para buscar esse segredo é preciso descer no fundo arcaico de sua inconsciência. O ser humano é dual, portanto, carrega dentro de si as potencialidades para o Mal e para o Bem. Estas duas palavras têm contextos diferentes do usual. O mal significa um movimento para baixo, uma decaída, portanto uma involução ou uma retardação do processo evolutivo, enquanto o Bem representa um movimento para cima, subida, uma evolução.

Todo processo evolutivo do homem está dentro desse contexto. É fato que o corpo material também passou por um processo evolutivo, onde a ordem foi se estabelecendo e adaptando seu estado na medida em que o meio ambiente também passava por um processo de acomodação. Porém, hoje, o que temos de evolução está reservado para a consciência, ou seja, à sua volta para o plano superior.

O ANJO DECAÍDO

Como falamos anteriormente o homem é um verdadeiro quebra-cabeças de EUs, resultados de um esfacelamento, de uma decaída da consciência. O grande problema dessa pluralidade do EU é o seu caráter dual onde cada um deles ambiciona governar nossa consciência. Enquanto o homem for governado por seu EU pluralizado, jamais encontrará seu caminho. A morte do EU inferior é um trabalho muito difícil de se realizar, isto porque ele domina todas as coisas, já que o homem atual vive em um mundo moderno cheio de paixões, vaidades e orgulho. Tal situação é muito agradável ao homem comum, porque isto torna seu EU bastante enorme e luciférico. O fato do EU ser dual, ele sempre conduzirá o homem para as paixões materiais, para a intelectualidade ao invés da sabedoria. O processo iniciático é uma ruptura nessa cadeia de reprodução geométrica do EU. A Iniciação é o princípio da morte do EU pluralizado, é uma renovação da consciência a qual se faz simbolicamente pela morte mística, pelo aniquilamento da vontade pessoal, a qual dá lugar a uma vontade superior.

A câmara de reflexões é um local de expiação, onde o profano fica a sós com sua consciência, onde o virtual se confronta com o real. É nesse local e privado de seu principal sentido, que o homem começa, pela auto-observação profunda, pela análise intelectual e reflexiva perfeita, a entender totalmente seus defeitos personificados por cada um de seus EUs. Em se conseguindo isso, morre um profano e nasce um novo homem renovado em sua consciência, ou seja, um Iniciado.

A palavra Iniciado tem um contexto diferente do usual. Iniciar, significa começar, dar início em alguma coisa. Iniciado é aquele que deu início em um caminho novo, é aquele que se renovou para começar uma busca interior.

O CAMINHO VERTICAL

A Iniciação é como uma corrida, onde muitos dão partida, mas poucos recebem a bandeirada final. A Iniciação é todo um processo na vida do Iniciado. O fato de se passar por um cerimonial psicológico, não torna o homem Iniciado. Na verdade, ele apenas coloca em sua consciência o arquétipo transformador que irá agir indiretamente modificando sua personalidade. No entanto seu efeito completo se faz, quando ocorre um vivenciamento constante do processo, ou seja, o ato iniciatório representa o impulso inicial, porque para concluir a grande jornada será necessário um trabalho pessoal intenso, buscando e vivenciando cada momento da vida iniciática. Ao contrário de que muitos pensam, a Iniciação ocorre no plano material e não em planos superiores. Ela acontece aqui mesmo, onde temos o pé no chão. Não dá para mistificar, o homem inteligente não aceita gratuitamente tal fato, necessita de esclarecimentos mais profundos. O conhecimento esotérico nos mostra que o único plano dual é o plano material, pois, os demais são mônades. Assim o conceito de evolução e involução ou ainda de Bem e de Mal coexistindo só se encontra no plano material, da forma e das idéias. E, é somente nesse plano que se dá a Iniciação, a partida para evoluir ou não evoluir. Os demais planos são apenas estações do processo evolutivo, porém é aqui, em terra firme que ela deverá acontecer, pois, é aqui que se encontra o EU decaído.

O Iniciado é aquele para o qual foi mostrado o caminho vertical por onde deverá ascender na busca de seu Cristo interno. No entanto percorrer o caminho é uma autonomia do ser.

O caminho da Iniciação é aquele que conduz o homem para o centro de sua personalidade, direciona o Eu inferior para o arquétipo central, o Eu Superior.

O processo da dramatização psicológica da Iniciação, funciona como uma terapia, cujo objetivo é o de interromper a cadeia de pluralização do Eu, que cada vez mais, diversifica a personalidade do homem.

O "EU" HERÓI

O ato iniciatório põe em contato o homem real com o homem virtual, ou seja, ensina-o a olhar para si mesmo. Dá condições para que ele possa se identificar consigo mesmo. É uma forma de libertação que se dá por sucessivos atos heróicos, onde o Eu desafia o desconhecido, se submetendo a provas de coragem, sobre as quais não possui controle direto, ou seja, não consciência clara da situação.

No caso seu único Mestre será a intuição. A cada prova vencida e a cada novo desafio, há um fortalecimento do Eu. O fato de se ter que provar, é evidentemente uma forma de punição, de descrédito. O novo crédito só será conquistado pela glória da superação do desafio. Tal fato, funciona psicologicamente como uma alavanca renovadora que impulsiona o Eu para cima. Do ponto de vista esotérico, representa uma renovação dos Símbolos. Atua como um módulo transformador que irá integrando a personalidade em busca do seu centro. É através dessa integração que o homem tem a possibilidade de torna-se Si mesmo.

O mundo profano representa um movimento centrífugo, significa o afastamento da personalidade central, a difusão do Eu. Enquanto que o vivenciamento iniciático representa um movimento centripto, ou seja em direção a personalidade central, ao agrupamento, a fusão do Eu. O vivenciamento iniciático implica em um movimento para dentro de si mesmo, é um olhar interior para reconhecer o seu verdadeiro Ser. É o olhar no espelho da vida. É refletir sobre si mesmo para encontrar sua origem cósmica. É um ato de ruptura para com a vida exterior para religar a vida interior, que significa caminhar na busca do arquétipo central.

Significa ligar o homem com Deus. Representa a revelação da verdade interior, o segredo interno, a palavra perdida, o verbo transformador.

A Iniciação fornece para a personalidade do Iniciado um modelo, um arquétipo transformador que atua como flecha certeira atingindo seu arquivo simbólico promovendo a ativação de seus Símbolos que serão os modificadores de sua consciência.

O homem possui uma essência e uma existência. A sua essência é, sem dúvida, o Aprendizado do espírito. O processo iniciático visa direcionar sua existência para que, com isso, haja um aprimoramento da essência. Assim, a Iniciação é um processo psicológico que redireciona a existência para encontrar a essência. A essência do homem é uma pequena parte da essência cósmica, resultado também da pluralização. Assim a essência cósmica tem seu vivenciamento no plano material através do homem. Desta forma o plano material funciona como a sala de aula do espírito e, é através dela que o espírito recebe os ensinamentos para decidir sua evolução. A decisão de evolução só pode acontecer nesse plano, pois, os demais já são estágios do processo. O início é no plano terrestre como já dissemos.

Para se dar partida na realização desse processo que o criador armou, se faz necessário a ignição, a energia psicológica que conduzida a nível subconsciente dará o início a uma operação no processo "patológico" de pluralização do Eu. Esta chave nos foi dada pelo próprio subconsciente, pois, o processo de reversão, o remédio simbólico, veio junto com a criação da essência do homem, ou seja, o homem tem dentro de si o remédio para todos os defeitos. O homem carregou esse segredo dentro de si por muito tempo, até que em algum ponto de nossa evolução material, ou melhor, exatamente quando terminou sua evolução material, estando pronto para a evolução da consciência, que o segredo emergiu da subconsciência e se tornou consciente.

A evolução inconsciente do homem o fez buscar dentro de si mesmo o segredo da Pedra Oculta, o remédio para todos os males, como nos mostra a chave VITRIOL. Esse segredo é a essência do processo iniciático. A Iniciação é a tal chave que dará partida para transformação da consciência. Seu objetivo é o de direcionar a existência do homem e, o faz por um processo de ruptura, onde o homem entra em contato consigo mesmo e distingue o virtual do real, ou seja, percebe a natureza ilusória do Eu inferior e parte para o encontro do Eu Superior. O Eu luciférico vive da ilusão de sua própria diversificação, de sua separação do Todo, de sua decaída no plano material. Assim o processo iniciático, rompe com essa ilusão, esse caminho virtual, e o coloca no caminho real, no caminho da verdade que será a grande libertadora.

O processo iniciático é uma impulsão que abrevia a jornada do Eu, tirando-o do labirinto dos caminhos da ilusão material, do mundo das paixões inferiores. O homem é dual até no Eu, tem um inferior ou periférico e outro Superior ou central que em certo sentido são contrários, embora trate-se do mesmo apenas com frequências vibratórias e polaridades diferentes. Assim, a recondução realizada no processo iniciático inverte o sentido do Eu inferior, ou seja, sua polaridade, fazendo-o caminhar (vibrar) rumo ao Superior, até o ponto onde ambos irão se fundir para constituir o EU SOU, ou o Si Mesmo. Da fusão dos contrários surge o verdadeiro homem, equilibrado e sábio.

Em toda existência do homem ele vem sentindo aquilo que muitos interpretam como sendo o chamado do alto. Esse chamado, que cada vez mais vai se intensificando e que faz com que o homem comece a pensar em suas raízes cósmicas. Há um sentimento de ausência do absoluto, uma sensação de vazio, de insatisfação, as quais mais cedo ou mais tarde farão o homem reconhecer o apelo do Eu Superior. É o chamado do alto, da raiz cósmica que tem seus galhos na Terra e aqui produz seus frutos.

Passar pelo processo iniciático é abreviar esse caminho. É atender antecipadamente e conscientemente o apelo do Eu Superior. É caminhar lado a lado com o Mestre, porém somente participar de uma Iniciação não basta, é preciso se preparar, buscar, ter força de vontade, querer avidamente essa busca, porque o Mestre só aparece quando o discípulo está realmente pronto. Existe uma estória sobre a Iniciação que ilustra bem este aspecto. Diz a estória: certa vez um discípulo pediu a um Mestre para que fosse Iniciado nos mistérios. O Mestre, então, levou o discípulo a um lago e, juntos, entraram na água. Com as mãos na cabeça do discípulo o Mestre o afundou e forçou a permanecer no fundo até as raias do afogamento. Indignado o discípulo lhe perguntou por que havia feito aquilo. Foi quando o Mestre lhe perguntou sobre o seu maior desejo no momento em que estava se afogando. O discípulo respondeu: o meu desejo era uma vontade louca de respirar. Assim o Mestre lhe disse: quando tiveres desejo idêntico para ser Iniciado, estarás pronto.

Esta pequena estória ilustra que a vontade, nesse caso específico, deve ser um desejo interno e não apenas mais uma paixão do Eu inferior. Isto tudo quer dizer que para se conseguir as transformações provocadas pelo simbolismo iniciático é preciso um vivenciamento constante do processo, assim como se vivencia a respiração que nos mantém vivos.

A Iniciação é um processo, um jogo psicológico esotérico, cujo efeito é o de promover a atualização dos Símbolos do subconsciente. A partir desse ponto, o vivenciamento constante, e o desejo ardente de se alcançar o conhecimento, a verdade interna, é que impulsionará o Iniciado para a evolução de seu EU.

O processo psíquico da Iniciação, promove uma ativação dos poderes do subconsciente, os quais o Iniciado pode utilizar em seu favor, entre outras coisas para aprimorar o seu caráter e as funções de sua mente.

Essa verdade, essa sabedoria, essa técnica que o homem dispõe já era bem conhecida antes da formação das religiões. Essa revelação que saiu do subconsciente do homem foi nele colocada para durar até a eternidade e, por mais que a humanidade evolua tecnologicamente, o homem, para conseguir o equilíbrio, necessitará lançar mão desse conhecimento esotérico.

Cada momento de nossa conduta moral, da cultura, do conhecimento científico, da religião, representa nada mais do que fragmentos desse conhecimento primordial. Todo conhecimento da humanidade saiu do subconsciente. Existe um arquivo cósmico, cuja representação no plano material foi chamado de inconsciente coletivo. Assim, é através da comunicação com o inconsciente coletivo que o homem consegue materializar as idéias. Tudo na natureza já está pronto, porém apenas em potência. Cabe ao homem, por um exercício mental, entrar em sintonia com elas. Além do homem utilizar-se das forças do subconsciente para ampliar seu intelecto, também pode utilizá-la para penetrar no arquétipo central e promover a viagem de volta do EU ao encontro de seu verdadeiro estado de equilíbrio.

Todo processo iniciático tem por objetivo provocar a fomentação e conseguir desenvolver essa capacidade interior do homem. O ato da Iniciação tem como propósito abrir as portas que conduzem o homem ao encontro com sua essência e, quando isso acontecer, ele terá à sua disposição a dinâmica de todos os conhecimentos do cosmo.

As lendas, os Rituais e o simbolismo arcaico utilizados na Iniciação, servem na realidade para nos lembrar da sabedoria interna imprimida em nossa essência, bem como para nos ajudar a encontrar o caminho para se chegar até ela.

O retorno do Eu periférico em direção ao centro, nada mais é do que um dos planos do criador no processo de evolução, aliás, a sua volta representa toda essência desse plano. A Iniciação dramatiza o ritmo da criação da entidade do homem, essência-existência.

A simbologia arcaica do ato visa um despojamento do comum, ou seja, faz a consciência descer até sua forma mais grosseira, através de um mergulho nas águas barrentas das paixões, onde o virtual se encontra com o real, para iniciar um processo de reciclagem de seus Símbolos, para posteriormente subir renascendo para a luz. O processo representa o fortalecimento do homem interior. É a recondução dele no caminho da virtude.

O ato psicodramático da Iniciação tem ação modificadora instantânea no psiquismo do Iniciado, onde por intuição começa a desvelar seu conhecimento interior, sua verdade primordial. As modificações na consciência ocorrem no sentido de promoverem um direcionamento de conduta, ou seja, os Símbolos atualizados criam uma força emergente para mente consciente, levando a luz da compreensão de certos fatos primordiais da criação da consciência, os quais, na vida iniciática resultam em modificações na esfera psíquica.

A descida no fundo arcaico da personalidade tem como objetivo a busca para encontrar os meios pelos quais irá arquitetar a morte de Hiran (Eu inferior), pois, o Iniciado só conseguirá completar o ato iniciatório quando conseguir matá-lo definitivamente, assim com a morte do Mestre externo, fará libertar o seu Mestre interno, o seu Eu verdadeiro, a sua essência primordial. O homem só consegue sua liberdade, sua redenção, quando conseguir matar dentro de si as paixões inferiores que arrastam o ser humano para o caminho do caos, para o afastamento da razão.

Quando o real se encontra com o virtual, há o estabelecimento da atualização pela comparação e, como resultado disso, a razão sai fortalecida, acrescentada de novos parâmetros, os quais darão condições para o Iniciado, em sua vida profana, tornar-se um serventuário dessa nova razão. Essa nova razão vai ganhando corpo e cada vez mais se estruturando no Iniciado à medida que se intensifica o vivenciamento iniciático. A verdadeira magia da transformação iniciática está ligada a esse vivenciamento, sem o qual a Iniciação não se concretiza, pelo contrário, se esfacela.

O conhecimento cognitivo infundido no ato iniciatório é, de certa forma, um produto perecível que precisa ser conservado para não se perder. Ele surge em nossa mente como uma imagem volátil (arquétipo) a qual necessita ser sublimada pelo vivenciamento iniciático para poder, dessa forma, manter-se materializada, solidificada no corpo da razão.

As Provas Iniciáticas

"Submeter o ego a provas é um meio de fortalecer a razão"

Em todas as seitas ou sociedades INICIÁTICAS encontramos alguns pontos de semelhança onde nos parece bastante evidente que o processo de Iniciação derivou de um rito primordial muito antigo.

Embora tais sociedades tragam em seu bojo filosofias diferenciadas, todas elas mantêm em comum o processo iniciático, que em seu contexto geral apresenta mínimas diferenciações dentro de cada seita. Tal fato faz com que essas sociedades tenham como elemento principal a Iniciação. Apesar das filosofias mostrarem caminhos diferentes o passo fundamental para se atingir o fim é o mesmo e comum a todas. Estas fatos concretos nos faz crer que a semente primordial de todas as seitas que têm como objetivo ligar o homem a Deus, ou seja, fazê-lo evoluir para o caminho interior, é a verdadeira Iniciação esotérica. O que chamamos hoje de rito iniciático ou processo iniciático é um conjunto de ações que operam na esfera psicológica do homem, e o põe em contato com energias naturais, as quais darão a dinâmica necessária para que seja estabelecida uma sintonia entre o homem e a natureza criadora.

A observação dos Rituais sazonais solsticiais e equinociais, mostra a relação íntima do homem com as forças da natureza. O homem mais primitivo podia interagir muito mais facilmente com tais energias, pois, estava em contato direto com elas e, podia sentir de perto suas frequências vibratórias e com elas aprender. A história da humanidade está permeada de pessoas especiais que funcionaram como elo de ligação entre tais energias, e com elas podiam entrar em sintonia e extrair o conhecimento. No mundo primitivo isto sem dúvida também acontecia, só com muito maior intensidade.

A EVOLUÇÃO CONSCIENTE

O Rito iniciático sem dúvida é o conhecimento humano mais arcaico do qual o homem até hoje se utiliza como meio de abreviar seu caminho para dentro de si mesmo.

O processo evolutivo do homem está marcado por duas fases muito importantes e que o homem atual é capaz de compreendê-lo bem.

No início da formação do "antropus", o homem percebeu uma evolução inconsciente até sua estrutura estar preparada e completa para poder por si só interferir na sua evolução, ponto, a partir do qual a evolução se tornou consciente.

A evolução consciente do homem foi um processo onde a natureza interferiu basicamente na estrutura de seus corpo, do físico ao monádico. A partir daí, o homem estava completo e passou a perceber a evolução na forma consciente, destarte, que possa nela interferir abreviando ou retardando o seu final. Nesse ponto o homem passou a adquirir consciência de si mesmo. Daí em diante a evolução passou a se estabelecer no crescimento dos estados da consciência.

A mãe natureza como sabemos não abandona seus filhos. O que hoje chamamos de instinto de proteção nos animais (reino a que pertencemos) é o efeito de energias naturais que conduz o animal para o estabelecimento de uma postura definitiva dentro da espécie. O homem da mesma forma aprendeu com a natureza a dar seus primeiros passos e a caminhar rapidamente por atalhos. O processo iniciático é um desses atalhos que a mãe natureza concebeu para o homem. A natureza estabeleceu um jogo capaz de modificar sua esfera emocional e, ao mesmo tempo, colocar a seu dispor certos padrões energéticos que se bem conhecidos podem dar um impulso muito grande na evolução da consciência quebrando a cadeia pluralizada do EU.

O FORTALECIMENTO DA RAZÃO

Todo processo iniciático está embasado em provas, as quais visam colocar o EU em cheque, ou seja, estabelecer uma experiência psicológica com a qual se aprende. As provas INICIÁTICAS são obstáculos mentais, onde para superação se faz necessário a coragem, firmeza de caráter. O clima mental formado faz com que o Iniciado seja induzido a sair vitorioso em seu teste, pois, se consegue nessa atmosfera o desejo ardente da superação para se conseguir o reconhecimento. O desejo ardente da superação do ponto de vista psicológico e esotérico é uma evolução. A energia diante do perigo, a firmeza de propósitos atuam como fontes de totalização do Eu. Este fato cria uma corrente inversora na cadeia de pluralização do EU, estabelecendo um movimento no sentido de fazê-lo forte, aglutinando-os no sentido da singularidade ou individuação. As provas INICIÁTICAS representam de certa forma, atos de heroismo, onde o Iniciado deve ser o ator. Esta situação busca no inconsciente energias arquétipas que promovem o fortalecimento da razão.

As chamadas provas INICIÁTICAS apesar de seu efeito importante como molas alavancadoras no fortalecimento da razão, servem também a propósitos esotéricos. Em realidade o efeito psicológico é apenas um véu que acoberta significações esotéricas importantíssimas no crescimento interior do Iniciado.

OS ELEMENTAIS

Nas seitas mais antigas da humanidade, o homem referenciava certas energias naturais, e o faz ainda hoje, as quais foram, de certa forma, responsáveis pela estruturação de certos arquétipos que afloram na mente consciente como "fórmulas mágicas" que contribuiram para seu crescimento na sua fase pré-cristã e forneceu os ingredientes básicos de sua religião.

Na formação do Cosmo, segundo o hinduísmo, estruturou-se uma hierarquia de formas energéticas, as quais foram criadas numa ordem de complexidade que tem em sua ponta o homem, o qual representa dentro dessa ordem o único que porta a centelha do fogo criador. O único dual, composto de espírito e matéria vivificada. O único portador da luz.

As formas energéticas inferiores ao homem, digo inferior porque não tiveram o privilégio da evolução, não foram criadas por acaso, porque nada no universo é por acaso, tudo está sendo regido por uma lei maior. Essas formas inferiores exercem papel importante na alavancagem do homem total, pois, foram criadas para servir ao homem.

Do mundo atômico até o mundo celular encontra-se uma característica comum, existe neles uma inteligência dirigindo as ações de criação e destruição. Esse elemento diretor das atividades na matéria está disposto em quatro categorias ou níveis de vibrações energéticas. São chamados também de expressões elementais ou elementais da natureza. Essas formas funcionais atuam tanto no mundo interior como no exterior e, no corpo do homem há uma ressonância entre o que está dentro e o que está fora. Os antigos filósofos e místicos classificaram essas modalidades de energia e as representaram como sendo formadoras dos quatro elementos primordiais: Terra; Água; Fogo e; Ar, os quais estão contidos no homem. O fogo significa a centelha cósmica, o espírito de Deus; o Ar a consciência; a Água a matéria primordial e; a Terra, a forma organizada.

O homem moderno estabeleceu nomes e formas para os

elementais, pelo fato de ter certa dificuldade em representar a energia, embora em termos gerais já seja quase um perito em seu controle. Apesar de poder controlar a energia o homem ainda não foi capaz de vê-la. É possível sentir a energia elétrica, por exemplo, quando levamos um choque. É ainda possível ver seus efeitos quando se transforma em calor, luz ou força motriz, no entanto não podemos ver sua essência.

Com todas essas características de "invisibilidade" podemos facilmente entendê-la por meio de modelos gráficos. A consciência tem um enorme poder de criar idéias-formas e, como em nosso atual estágio de desenvolvimento a mente não consegue visualizar a energia pura, ela cria modelos que refletem a manifestação dessa energia. Os modelos dessa manifestação são conhecidos como elementais da natureza ou seres elementais. Esses seres energéticos de acordo com sua frequência vibratória e campo de interferência dentro dos elementos, são conhecidos como gnomos, ondinas, salamandras e silfos. Apesar de serem formas energéticas puras, não possuem consciência como o homem, portanto, como foram criadas para servir a ele, obedecem às manifestações da consciência humana. Seu propósito é o de atuar junto ao homem como uma fonte constante de construção que se estabelece como um movimento interminável, sentido como vida-morte-nascimento e as alterações nas estações do ano.

O homem é dotado de grande poder na contenção e na manipulação da energia. Assim pode manipular e direcionar os elementos que respondem aos processos mentais humanos. É exatamente esse poder que o ser humano deve utilizar-se para direcionar a força vital e a "substância" por eles oferecida para construção de seu veículo de consciência.

OS ELEMENTAIS E A INICIAÇÃO

Conscientes ou não os antigos começaram a fazer uso dos elementais. A maneira de como conseguiram essa linha de comunicação específica e a forma como executaram essa comunicação, chegou até nossos dias e tem o nome de Ritual. O Ritual é o meio pelo qual se consegue um estado mental adequado que permite o estabelecimento de uma sintonia com tais energias e delas tirar conhecimento. Como já tivemos oportunidade de dizer em outro capítulo, a origem dos Rituais esotéricos advém dos Rituais chamados de sazonais.

Estes são os Rituais solsticiais e equinociais, que revelam fatos importantíssimos que hoje integram o conhecimento científico das modificações climáticas da Terra. A base desses dois Rituais está na sua referência aos quatro elementos e aos elementais. O Rito solsticial referenciava os elementais do fogo e da terra, enquanto o Rito equinocial o faz com os elementais da água e do ar. No processo iniciático, as provas onde se deve testar a coragem para o fortalecimento da razão, estão ligadas a esses quatro elementos e, suas forças diretoras, aos elementais.

Desta forma, a cada prova iniciática vencida, faz-se o fortalecimento do Eu, bem como põe o Iniciado em sintonia com tais fontes energéticas. No caso a sintonia entre as forças da natureza e o Iniciado acontece de forma consciente, e isto, é um privilégio do Iniciado, pois, está tendo a oportunidade de abreviar o seu caminho fazendo uso consciente das forças da natureza. Enquanto isso, o homem comum porém puro de pensamentos o faz de forma inconsciente.

O fato do Iniciado vencer as provas INICIÁTICAS, o faz com que tenha o domínio total sobre tal energia, podendo dispor dela da maneira que lhe convier.

Na Maçonaria como em outras sendas INICIÁTICAS, o uso do Ritual de Iniciação representa suas únicas fontes de sobrevivência, pois, como sabemos nesse ato onde o clima mental condicionado, atinge para o Iniciado características especiais, o faz buscar no fundo arcaico de seu inconsciente modelos que durante o ato são reciclados e, com isso fortalece a instituição imprimindo nela uma força mantenedora. O uso das forças elementais faz parte de todos os Rituais de Iniciação, pois, como sabemos, é quase evidente que o Ritual tem uma única fonte de derivação. A Maçonaria também como sociedade iniciática, faz uso do Ritual de Iniciação, que como já dissemos está permeado de referências aos elementais. As provas da Terra, Fogo, Ar e Água do Ritual são elementos fundamentais dessa ligação, infelizmente pouco conhecida e pouco estudada dentro da própria ordem.

No Ritual maçônico cada prova está, de certa forma, fazendo uma invocação aos elementais, bem como apresentam um nível crescente de relacionamento com eles. Tais níveis, que poucos conhecem, são chamados dentro do Ritual de viagens. São assim chamados porque a consciência do Iniciado dentro do processo psicológico passeia no campo de energia de cada elemento e, nesse dado momento, o Iniciado vai sendo a ela "apresentado".

Dentro da Maçonaria só são citadas três viagens, em razão de se considerar apenas as viagens dentro do Templo, já que a viagem até a câmara de reflexões é executada fora da Loja constituída.

A primeira prova a que se é submetido é a prova da reflexão ou prova da terra, onde o candidato a sós passa, por indução simbólica, a refletir sobre a vida profana. A câmara de reflexões representa a ingressão do candidato para dentro de si mesmo. Os ingredientes que se encontram na câmara representam uma espécie de oferenda aos elementais da terra, para os quais nesse momento o candidato está sendo "apresentado" e, pela reflexão, saindo vitorioso em seus pensamentos ganha a confiança desses elementais. O Símbolo dessa ingressão para dentro de si mesmo, está representado pelo mercúrio, também conhecido com Vitriol ou vitríolo, donde cada uma de suas letras parte palavras que induzem o homem a se voltar para dentro de si mesmo, para encontrar sua pedra oculta, a qual irá curar todos os seus males (defeitos). A palavra Vitriol que significa: visita o interior da terra e por retificação, encontrarás a pedra oculta, significa que por redenção do mundo material e voltando para dentro de si mesmo o homem conseguirá ascender a chama divina existente nele, localizada no chakra básico, cujo desenvolvimento está auxiliado pelos elementais da terra. O vitriol tem o mesmo efeito do INRI do qual o cristianismo se apossou. INRI significa que o fogo renova incessantemente a natureza, ou seja, o fogo serpentino, do chakra básico, é o único meio pelo qual se conseguirá evoluir a consciência.

As letras de INRI, ainda significam, para completar a idéia, as iniciais de: Iam (água); Nur (fogo); Ruach (ar) e; Iabesha (terra), ou seja, os quatro elementos que no interior do corpo, pela ação das energias elementais, levam ao encontro da pedra filosofal.

Após sair vitorioso da Câmara de Reflexões, o Iniciado começa sua jornada dentro do Templo onde será submetido a três provas restantes. Assim, agora dentro do Templo o candidato passará pelas provas dos elementos: Ar, Água, e Fogo.

A PROVA DO AR

A prova do Ar dá início verdadeiramente ao processo psicológico de transformação na mente do Iniciado, pois, a prova da terra realizada na Câmara de Reflexões, apenas prepara a mente do candidato, pela criação de um clima psicológico. O processo de Iniciação propriamente dito só ocorre dentro do Templo.

Dentro do Templo o candidato será colocado em contato com as demais energias elementais e, este contato será promovido em três estágios que visam um crescente êxtase na mente do candidato e será responsável pelo impulso inicial que fará as transformações que se espera obter. Em cada um desses estágios, o candidato tem a oportunidade de viajar pelos domínios do mundo das energias elementais restantes. Ao viajar pelos três níveis, a cada passo cria-se um elo de interação entre as forças elementais da natureza e os elementos do Iniciado. É exatamente nesse ponto que ocorre um ressoamento entre os elementos de dentro e fora do corpo.

Ao viajar pela primeira vez, o candidato entra em contato com os "éteres da luz", como é chamada a influência elemental do "AR". Este processo visa, segundo a sabedoria antiga, promover a alquimia, ou seja, infundir no corpo mental as influências desse mundo elemental.

Nesse nível é estimulada a inteligência, a comunicação e a habilidade mental. Aqui se dá o primeiro estímulo no desenvolvimento da consciência. A interação provocada por essa energia cria um fator de desequilíbrio psicológico que fará com que o iniciando lute internamente para adquirir maestria sobre as forças do Ar, ou seja, induzirá uma ação no iniciando, visando fazê-lo um vencedor sobre sua própria mente. Tal ação, se bem vivenciada pelo iniciando, irá ecoar incessantemente no seu corpo mental e o fará descobrir uma sintonia misteriosa que o porá em aliança com todas as energias do elemento Ar. Esse ponto da Iniciação representa o estágio inicial do Iniciado em sua luta para refinar suas energias mentais. A obstrução de seu principal sentido é muitíssimo importante para buscar o arquétipo desse refinamento, pois, sem a visão material o Iniciado percebe os limites muito mais amplos de sua visão mental.

A PROVA DA ÁGUA

Ao viajar pela segunda vez, o candidato já se encontra em outro nível mental, pois, saiu vitorioso das provas da primeira viagem, portanto com seu Eu mais fortalecido. Agora ele terá condições de se banhar nos "éteres da vida" ou nas influências dos elementais da água. As energias desse elemental vão ressoar com o corpo emocional do Iniciado, estimulando uma ação no sentido de desenvolver a integridade, a autenticidade e a sensibilidade. Nesse ponto, inicia-se o controle das vagas da ilusão promovidas pelo oceano da vida. Aqui se planta a semente do amor fraternal. Nesse estágio da Iniciação há também certa apreensão no Iniciado causado pelo desequilíbrio da interação energética estabelecida. Mais uma vez se faz necessário o autodomínio, a maestria sobre essa força emocional. Tal maestria lançará o indivíduo na busca da identidade pessoal e social. A superação da prova da água, fortalece, ainda mais o Eu.

As energias da água, tornam o homem mais equilibrado, responsável e fraterno. A interação no corpo emocional faz o Iniciado reconhecer seu lugar na ordem social. Joga-o na busca incessante pelo aprimoramento dos costumes e pelo combate às paixões inferiores. Desperta nele o verdadeiro espírito da solidariedade humana.

A PROVA DO FOGO

Ao viajar pela terceira vez, o nível mental é superior. As duas vitórias sobre as provas anteriores funcionam, para o subconsciente, como garantia de mais uma vitória, de mais segurança; e superação. Aqui existe um maior Grau de convicção e firmeza. Portanto com o Eu ainda mais fortalecido, o candidato está pronto energeticamente para navegar pelo mundo da luz. Ao partir para a terceira viagem, o caminho é o "éter reflexivo" porque reflete os mundos da luz, pois, é assim que é chamado o nível vibratório dos elementais do Fogo. A prova do Fogo é a última a ser realizada. O nível elemental do fogo é aquele que atinge a maior frequência vibratória, porque se encontra no extremo superior da frequência, enquanto que o nível de vibração do elemental da terra é o menor e oposto. O elemento fogo tem a supremacia sobre os demais, como se encontra em uma frequência maior, pode baixar sua vibração e reconstituir os demais elementos. Os antigos eram possuidores desse conhecimento quando afirmavam que "o fogo renova incessantemente toda natureza". Assim, nas iniciações a apresentação do Iniciado às dimensões do éter reflexivo será a última a ser feita, visto que, tendo o candidato superado as provas anteriores, estará pronto para renovar incessantemente sua própria natureza.

A região do " éter reflexivo" induz no homem os atributos de valor moral, de energia motivacional e de fidelidade.

A renovação desses valores é de suma importância para que o homem possa conquistar a si mesmo, libertar-se de sua falsa identidade e partir em busca do seu verdadeiro Eu Sou.

A passagem pela região dos elementais do fogo induz o Iniciado a aprender o manejo do poder pessoal ou o correto controle da energia, a arte da cooperação, ou seja, o equilíbrio entre a atividade e a passividade. Aqui é induzida a capacidade do indivíduo sintonizar com pessoas, locais e coisas. Nesse estágio o Iniciado dá partida no Aprendizado sobre o controle da mente concreta por meio do domínio sobre a dinâmica interna. Esse domínio, que significa nos cultos antigos, o domínio do plexo solar, Símbolo do sol - o doador da vida -, representa a glória suprema do homem em suas realizações. O elemental do fogo induz durante a Iniciação a habilidade no Iniciado para ser plenamente si mesmo, bem como de redimensionar o seu Eu periférico cada vez mais para e Eu Interno. Se submeter às influências dos elementais do fogo, representa o complemento na construção do Ego.

O FORTALECIMENTO DO EGO

Ao se submeter às provas INICIÁTICAS, na verdade o Iniciado, quando bem preparado em um clima mental adequado, está dando início a um trabalho sobre si mesmo. Este trabalho significa fortalecer o homem interior para que possa ganhar maestria sobre os elementos, pois, cada parte do processo de Iniciação, em especial, nas provas, há um desequilíbrio nos elementos provocando uma alteração constante. Assim o candidato bem preparado consegue rapidamente a maestria sobre esses elementos conseguindo reequilibrá-los. O processo é uma caminhada em direção à maestria das características humanas dentro de cada elemento. Passar pelas provas dos elementos significa dar início à luta contra as paixões inferiores.

A superação simbólica de tais provas, significa passar pela experiência dos mistérios, os quais são mencionados nas sendas INICIÁTICAS. Submeter-se aos mistérios significa interar-se com os elementais da natureza e, por sua influência, conseguir abreviar o caminho, na busca do Si Mesmo.

O homem que passar pelo processo iniciático e conseguir embarcar nas ondas "tattwicas" terá o poder sobre a emoção; sobre a mente;

sobre a ilusão e; sobre a dinâmica interna. O fogo serpentino ao renovar toda natureza do homem, consegue extrair a quintessência, ou o éter puro, resultado da retificação dos quatro elementos. O éter dos filósofos gregos representa o quinto nível de vibração bem como, o quinto elemento da natureza o qual se localiza no chakra laríngeo. O Iniciado ao passar simbolicamente pelas provas dos quatro elementos está preparado para receber, também, simbolicamente a quintessência, ou seja, "Sic Transit Gloria Mundi". Citamos acima simbolicamente porque na vida há uma transformação alquímica constante dos elementos, assim como as marés do globo terrestre são constantes em suas oscilações.

Câmara de Reflexões

"Visite o interior de si mesmo
e encontrarás o remédio
para todos os males"

O primeiro contato que o iniciando tem com a Maçonaria, propriamente dita, é por meio da Câmara de Reflexões. A Iniciação maçônica na realidade começa fora do Templo maçônico. Antes de adentrar ao Templo o candidato passa por uma série de preparações, as quais serão responsáveis pela criação do ambiente psicológico adequado o qual induzirá a um clima mental propício, para colocá-lo em sintonia com as energias da natureza.

A Câmara de Reflexões funciona como um local de expiação, onde o profano ficando a sós com sua consciência, inicia com ela um diálogo mudo. Por esse ato, inicia-se uma confrontação do real com o virtual. É o princípio da ingressão. A interiorização do homem comum é amplamente ajudada pela supressão de seu principal sentido, que obriga, de certa forma, a um maior refinamento dos demais sentidos, especialmente, a audição e a percepção sensorial.

Quando o clima mental é bem constituído, ele provoca no profano o sentido da auto-observação que, via análise intelectiva e reflexiva perfeita o leva a conhecer as raízes de suas imperfeições personificadas por cada um de seus "Eus".

A Câmara de Reflexões deve ser constituída de forma que possa refletir de forma perfeita a atualização simbólica desejada, que é a de desafiar a coragem para obter, como consequência, o fortalecimento do Eu via atos de heroísmo. Para obtenção desse ato se faz necessário pôr em prova a coragem do candidato. A primeira prova, a prova da terra, o candidato só a percebe inconscientemente, pois, não é mencionada a ele o que terá pela frente.

A PROVA DA TERRA

No entanto o clima psicológico criado para fazer o candidato voltar para dentro de si mesmo, faz com que esta prova inicial seja percebida e, dá a ele condições para trabalhar sobre si mesmo preparando-se para dela sair vitorioso. A prova de coragem como ato psicológico visa como objetivo averiguar a pureza das intenções, bem como criar o desejo ardente de conseguir a superação do que representa o princípio da evolução, ou seja, o crescimento do Eu pelo fortalecimento.

O candidato ao adentrar na Câmara de Reflexão está simbolicamente ingredindo. A escuridão de suas paredes, bem como os utensílios ali existentes funcionam como aparatos que irão induzi-lo a buscar no fundo arcaico de sua inconsciência a atualização de seus Símbolos. O conjunto simbólico ali estabelecido irá funcionar como o primeiro Símbolo transformador de sua consciência, levando-se em consideração que o nível mental adequado foi conseguido. A Câmara de Reflexão traz uma riqueza simbólica muito importante, a qual no contexto atual da Maçonaria é pouco explorado. A rigor esta câmara deveria ter o mesmo contexto dos labirintos da Iniciação egípcia, onde o Iniciado recebia as instruções via decifração de Símbolos contidos nas câmaras subterrâneas.

No atual contexto, o Aprendizado desse simbolismo é feito posteriormente, o que leva a um resultado menor, pois, o clima psicológico já foi desfeito.

A Câmara de Reflexões representa do ponto de vista energético, o nível mais baixo da frequência vibratória elementar. Ao entrar em clima psicológico perfeito o candidato sofre do ponto de vista esotérico as influências dos chamados "éteres químicos". As energias desse plano vibratório têm como objetivo a regência das formas dentro e fora do corpo. Seu alvo principal está em iniciar o processo de ativação do chakra básico.

As energias do elemento terra afetam todas as formas que o indivíduo cria, em especial, as formas-pensamento que constituem sua máquina mental e emocional, polarizando-as positivamente ou negativamente. Daí a importância da pureza de intenções mencionado anteriormente, pois, nesse ponto inicia-se no indivíduo um processo alquímico, a "magia da transformação" que diferencia o Iniciado do profano.

A Câmara de Reflexões está cercada de Símbolos da morte e frases sugestivas. Simbolicamente ela representa uma câmara mortuária onde se enterra o homem comum. Nesse nível, abaixo da superfície, em contato direto com a terra é que dará a putrefação alquímica, a qual fará "desprender a carne dos ossos". Nesse local inicia-se o primeiro ciclo das transformações, as quais farão emergir nova consciência que despoja o "velho homem" para dar nascimento a um novo homem retificado.

A Câmara representa o interior da terra, onde a semente retificada dá origem a um novo ser. O processo de retificação do homem, que traz em seu coração o desejo ardente da redenção, é amplamente apoiado pelas forças da natureza, que inicia sua estimulação pela frequência mais baixa. As energias elementais da terra, darão um impulso importante no despojamento do homem virtual para dar lugar ao homem real. Os "éteres químicos" iniciarão reações alquímicas que serão capazes de modificar os átomos da consciência. A sintonia do homem com essas energias provocarão um desequilíbrio no seu complexo emocional e mental. Suportar esse desequilíbrio e sair vitorioso, significa ganhar maestria sobre as frequências vibratórias dos elementais da terra e, de seu domínio se beneficiar. É na câmara que a emoção é fortemente posta a prova e, como consequência, causará uma forte impressão no Eu, a qual será responsável pelo início de seu redirecionamento rumo à individuação.

Os Símbolos dessa reversão, têm seu significante em todos os artefatos encontrados no gabinete.

Como poderemos denotar os Símbolos estão totalmente relacionados ao hermetismo, e são de capital importância para se conseguir a alquimia interior.

O VITRIOL

Um desses Símbolos é o Mercúrio dos hermetistas que representa a fórmula iniciatória da antiga fraternidade Rosacruz, a qual foi passada para a Maçonaria. Esta fórmula representada pelas iniciais V.I.T.R.I.O.L, mostra o caminho para se chegar à pedra angular. Estas iniciais compõem a frase em latim que diz: Visita Interiora Terrae Rectificandoque Invenies Occultum Lapidem, que em português se traduz por: Visita o interior da terra e por retificação descobrirás a pedra oculta.

Na frase acima a palavra terra não está se referindo ao planeta Terra, mas sim ao elemental terra, que corresponde no Tetraktis ao corpo humano ou vida material. A palavra "retificação" era o nome dado pelos alquimistas ao processo utilizado para fazer a redestilação de um líquido para purificá-lo. Aqui também, o sentido é de purificação, de redenção, de libertação das paixões inferiores, das emoções da matéria e dos desejos do corpo. A pedra oculta ou pedra filosofal, ou ainda, "fogo serpentino" que escondido dorme enrodilhado em forma de serpente, representa a Kundaline. Compondo tudo isso, vamos ter a revelação do mistério que ensina o Iniciado o "segredo" da "cura para todos os males".

A palavra refletir em um sentido mais amplo significa retroceder, voltar o pensamento, falar consigo mesmo, que em outras palavras significa voltar para dentro de si mesmo. Este é o verdadeiro sentido da ingressão, da individuação. A meditação é o ato de voltar para dentro de si mesmo. É a retificação do Eu pluralizado na direção da singularização.

A chave VITRIOL mostra o início do caminho iniciático por onde o candidato deverá trilhar e sair vitorioso de todas as provas por atos de heroísmo e enfim chegar à Iniciação e receber o "Sic transit gloria mundi". No entanto para receber a glória do mundo, o primeiro passo é estar em sintonia com as forças elementais da terra.

Sobre esse ponto de vista parece não haver nenhuma dúvida, pois, o cristianismo iniciático, também tinha conhecimento de tais forças elementais. O Vitriol hermetista tem o mesmo valor da chave INRI que são iniciais da frase: Igne Natura Renovatur Integra, que se traduz para o português na frase: "O fogo renova incessantemente toda natureza". Esse ensinamento mostra o mesmo caminho iniciático, onde afirma que a criação da consciência só é possível pela subida do fogo serpentino escondido no chakra basal. Assim, a passagem pelas forças elementais representa os obstáculos que se tem que superar para retificação do Eu. O Símbolo da redenção do Cristo na cruz, significa essa passagem pelos elementos, haja vista que INRI, também, significa iniciais de Iabesha, Nur, Ruach e Iam, ou seja, terra, fogo, ar e água, respectivamente, traduzidas do Sânscrito. O chamado sinal da cruz é o Símbolo da redenção, da retificação.

No cristianismo esotérico o sinal da cruz tem um significado bem diferente do atual. O cristão primitivo quando realizava o sinal da cruz estava procurando equilibrar o sistema de energias no eixo vertical e horizontal. Ao finalizar com as palmas das mãos sobrepostas, na altura da garganta referenciava o chakra laríngeo, o centro do quinto nível vibratório.

O sinal da cruz significa a retificação ou transmutação dos quatro elementos para chegar a essência, a quintessência - o "Eter". Assim, o éter é o quinto elemento, resultado da sublimação respectiva dos elementos terra, água, ar e fogo, bem como representa o primeiro na constituição da tríade superior.

Tudo que existe no mundo da forma pertence ao mundo elemental, bem como dele recebe suas influências. O mundo material está simbolizado no quaternário (inferior), assim como o mundo espiritual está simbolizado no ternário (superior).

A involução significa a descida do ternário no quaternário, ou seja, a descida do espírito na matéria, fato bem representado no avental maçônico, bem como na sobreposição do Compasso no Esquadro. A evolução significa a redenção do quaternário para se chegar ao ternário.

O ponto de partida para evolução está em sublimar as energias do elemento terra e, com isso, reverter a cadeia de pluralização do Eu e, iniciar o crescimento da consciência, fazendo-a passar pelos seus vários níveis até encontrar o Eu superior.

Na Câmara de Reflexões temos um pequeno altar onde normalmente são colocados semente de trigo ou ramo de trigo, pão, bilha com água, sal natural e enxofre. Em nosso ponto de vista, isto se assemelha muito com algum tipo de oferenda. Certamente se o for, está dirigida aos elementais da terra. Como a Câmara de Reflexões tem raízes muito antigas, sua origem na Maçonaria pode estar baseada na reprodução simbólica de certas criptas subterrâneas das iniciações egípcias, ou nas cavernas citadas por Platão, bem como pode estar ligada ao culto pagão. O paganismo venerava os elementais da natureza, haja vista, que os Ritos que hoje chamamos sazonais, ou Ritos das estações do ano, nada mais eram que festas onde se ofereciam presentes aos deuses da natureza, cuja influência, mostrava para o homem o segredo da interação completa com a natureza. Por meio dessa interação o homem tinha conhecimento de fenômenos cósmicos que somente há bem pouco tempo o homem teve confirmação científica. Provavelmente na Câmara de Reflexões se faça tais oferendas de forma inconsciente no contexto atual. O objetivo das oferendas em todas as crenças era o de atrair a atenção dos deuses que, recebendo tais presentes, ofereciam em troca de sua proteção.

Em nosso contexto atual podemos trocar a palavra proteção por "sintonia" ou "interação". O homem é o "ser" mais perfeito da natureza, portanto também, deve ser o alvo principal das forças que imperam na natureza. Como já foi dito anteriormente, ele teve sua evolução material de forma inconsciente, ou seja, não realizou nesta nenhuma interferência, pois, ainda não tinha o livre arbítrio e, certamente estava sendo dirigido pelas forças da natureza. No estágio atual do homem ele tem o livre arbítrio para decidir sua evolução e sobre ela trabalha sozinho. No entanto, tirou do fundo arcaico de sua inconsciência, o conhecimento, de que pode e deve continuar interagindo com tais forças para facilitar e abreviar seu caminho na evolução consciente.

Este posicionamento é bastante claro entre as seitas iniciáticas. Em Rituais antigos da Maçonaria este posicionamento era muito mais evidente. Num passado bem próximo podia se ver escrito, na Câmara as frases:

"Se a tua curiosidade te trouxe, vai embora!"

"Se tua alma sentiu medo, não vás adiante!"

"Se perseverares, serás purificado **pelos elementos**, e sairás do abismo das trevas e verás a Luz!"

Esta última frase que já não se encontra mais presente na letra do Ritual, mostrava claramente essa interação com os elementais, a qual, hoje, é quase desconhecida devido as múltiplas modificações que o senso não crítico, aliado a certa "pitada" de ignorância legou ao esquecimento.

O simbolismo da Câmara de Reflexões, deveria merecer um estudo bem mais profundo, no sentido de resgatar o seu objetivo volatizado pelas modificações através do tempo. A indução do clima mental com perfeição é a garantia da consecução do Símbolo transformador almejado nesse ato. A Câmara de Reflexão é o contato mais importante que o iniciando tem.

Assim, seu efeito psicológico deve ser perfeito, pois ele representa a base para todo processo iniciático tanto para o ato momentâneo como para seu vivenciamento futuro.

A superação da prova da terra, representa o primeiro passo para as modificações conscientes na esfera mental e emocional do Iniciado. A prova da terra representa o início da abertura da mente para uma realidade maior, bem como a maestria no controle das emoções interiores, daí a importância desse primeiro contato na Câmara, como afirmamos anteriormente.

Como é de conhecimento, os elementos eram conhecidos pelos hindus como "tattwas" cujo significado se traduz por: "é assim", e têm uma conotação de lei, mente universal ou mundo das idéias.

Existe um princípio hermético que diz que o mundo é mental, portanto é somente através da mente que se pode realizar a alquimia das idéias. Assim, o homem é essencialmente emocional, portanto sua transformação inicia-se pela emoção. Daí a necessidade de se constituir uma ilusão perfeita, o clima psicológico adequado, para que o Iniciado possa entrar em sintonia com as ondas das mares "tattwicas". Como a prova da terra, representa a menor frequência vibratória, tem sido por milhares de anos o primeiro passo no processo iniciático. O

Ritual de Iniciação representa um processo crescente nas frequências das ondas "tattwicas". A arte do Ritual, ou arte real representa a mágica em direcionar cada uma das frequências vibratórias da energia dos elementais.

Obras Consultadas

BAUCHER, JULES. Simbólica Maçônica. São Paulo. Editora Pensamento. 1993.

BLAVATSKI, H.P. A Doutrina Secreta. São Paulo. Editora Pensamento. 1989.

BYINGTON, CARLOS. Dimensões Simbólicas do Homem. São Paulo. Editora Ática. 1988.

CAPRA, FRITJOF. O Tao da Física. São Paulo. Editora Cultrix. 1993.

CARVALHO, SERGIO DE SOUZA. Tratado de Alquimia Gnóstica. São Paulo. Editora Sol Nascente.

HORNER, ALEX. O Templo do Rei Salomão na Tradição Maçônica. São Paulo. Editora Pensamento. 1987.

HUTIN, SERGE. A Alquimia. São Paulo. Editora Moraes Ltda. 1992.

LEADBEATER, C.W. A Vida Oculta na Maçonaria. São Paulo. Editora Pensamento. 1985.

LEADBEATER, C.W. Os Chakras. São Paulo. Editora Pensamento. 1984.

LE COUR, PAUL. O Evangelho Esotérico de São João. São Paulo. Editora Pensamento. 1993.

STAINER, RUDOLF. A Direção Espiritual do Homem e da Humanidade. São Paulo. Editora Antroprográfica. 1984.

VIEUX, MAURICE. O Segredo dos Construtores. Rio de Janeiro. Difusão Editorial S.A. 1977.

A Bíblia Sagrada. Rio de Janeiro. Editora Sociedade Bíblica do Brasil. 1968.

Editora e Gráfica

COTAÇÃO

DA CONSTRUÇÃO

Redação, Diagramação,
Composição, Revisão, Arte-Final,
Fotolitos e Impressão

Rua Maringá, 335 - CEP 86060-000
Fone (043) 327-1982 - FAX (043) 339-0500
Londrina - Paraná